La Historia de China

Una Fascinante Guía de la Historia China, con Eventos Como el Primer Emperador de China, las Conquistas Mongoles de Gengis Kan, las Guerras del Opio y la Revolución Cultural

© Copyright 2020

Todos los derechos reservados. Ninguna parte de este libro puede ser reproducida de ninguna forma sin el permiso escrito del autor. Los revisores pueden citar breves pasajes en las reseñas.

Descargo de responsabilidad: Ninguna parte de esta publicación puede ser reproducida o transmitida de ninguna forma o por ningún medio, mecánico o electrónico, incluyendo fotocopias o grabaciones, o por ningún sistema de almacenamiento y recuperación de información, o transmitida por correo electrónico sin permiso escrito del editor.

Si bien se ha hecho todo lo posible por verificar la información proporcionada en esta publicación, ni el autor ni el editor asumen responsabilidad alguna por los errores, omisiones o interpretaciones contrarias al tema aquí tratado.

Este libro es solo para fines de entretenimiento. Las opiniones expresadas son únicamente las del autor y no deben tomarse como instrucciones u órdenes de expertos. El lector es responsable de sus propias acciones.

La adhesión a todas las leyes y regulaciones aplicables, incluyendo las leyes internacionales, federales, estatales y locales que rigen la concesión de licencias profesionales, las prácticas comerciales, la publicidad y todos los demás aspectos de la realización de negocios en los EE. UU., Canadá, Reino Unido o cualquier otra jurisdicción es responsabilidad exclusiva del comprador o del lector.

Ni el autor ni el editor asumen responsabilidad alguna en nombre del comprador o lector de estos materiales. Cualquier desaire percibido de cualquier individuo u organización es puramente involuntario.

Índice de Contenidos

INTRODUCCIÓN 1
CAPÍTULO 1 - LA TIERRA DEL EMPERADOR AMARILLO 3
CAPÍTULO 2 - LA CHINA IMPERIAL EMERGE 9
CAPÍTULO 3 - LA SUPREMACÍA DE LOS HAN, 202 A. E. C.-220 E. C......16
CAPÍTULO 4 - LA ÉPOCA DORADA: LA DINASTÍA TANG, 618-907.......27
CAPÍTULO 5 - LA DINASTÍA SONG, 960-1279 37
CAPÍTULO 6 - KUBLAI KAN: LA DINASTÍA YUAN, 1271-1368 43
CAPÍTULO 7 - LA GRAN DINASTÍA MING, 1368-1644................................49
CAPÍTULO 8 - EL ASCENSO DE LOS QING, 1636-1912................................68
CAPÍTULO 9 - LOCURA REVOLUCIONARIA 88
CAPÍTULO 10 - DE LA REPÚBLICA DE CHINA A LA REPÚBLICA POPULAR CHINA..92
CONCLUSIONES 117
VEA MÁS LIBROS ESCRITOS POR CAPTIVATING HISTORY 119
BIBLIOGRAFÍA 120

Introducción

La historia de China es compleja, posiblemente más compleja que la de otras naciones. Los grupos étnicos que conforman China se remontan a épocas prehistóricas, y cada grupo ha brindado su propio color a la enorme nación. No es como una mezcla diluida de todas sus culturas; en cambio, es un collage.

Sin embargo, todavía hoy existen elementos inmutables. El arroz se originó en China, así como el salteado. Cualquiera que haya disfrutado un bocadillo o dos de una agradable piscina imita las mismas prácticas de los pueblos acuáticos de tiempos antiguos. Los brocados y estampados de seda fueron creados por primera vez en China. La porcelana iridiscente es un producto de la dinastía Ming. Los chinos fueron de los primeros en desarrollar altos hornos. Fueron los primeros en inventar los fuegos artificiales y la pólvora. Y la lista sigue y sigue.

A medida que lee este libro, notará que la historia tiende a repetirse con el auge y caída de las numerosas dinastías de China. Sin embargo, también verá que hay claras distinciones entre una era y la siguiente.

Analizando mapas que muestran la expansión y el declive de las numerosas dinastías a lo largo de la historia de China, uno puede fácilmente observar que los reinos más pequeños frecuentemente se reubicaban. Algunos eran por sociedades nómadas, pero otros fueron forzados a hacerlo por la suerte o la desgracia de la guerra. Los emperadores vivían y morían, pero uno puede ver las características de sus reinados como impulsados por el poder y el expansionismo, la avaricia, la autodefensa, el intelectualismo, el altruismo, la maldad o simplemente por casualidad.

La cultura de China es rica. La poesía y escritura de China están impregnadas de sentimientos y son leídas y respetadas a lo largo del mundo. Los chinos siempre han tenido respeto por su propia historia, la cual fue meticulosamente registrada durante los largos y polvorientos años. Su arte habla con la simplicidad de la naturaleza misma, y un tema común que uno puede encontrar es que el individuo se expresa a sí mismo como una parte de un todo.

Esta idea puede ser encontrada en la sinificación, la expansión de la cultura China, específicamente la cultura de los chinos han, el cual es un dilema de dos vertientes. En términos prácticos, crea una mezcla de diferentes pueblos y puede producir una coexistencia pacífica y una aparente armonía, pero también puede condenar la riqueza que proviene de la diversidad. Las diversas culturas de Asia valoran su propia herencia y forma de vida, pero la sinificación tiende a eliminar eso. Con el tiempo, muchas culturas que fueron sinificadas lograron encontrar sus antiguas tradiciones y traerlas de vuelta a la vanguardia. Sin embargo, sus vidas habían cambiado de manera inextricable debido a la implicación china, y no siempre fue de mala manera, ya que los chinos trajeron avances agrícolas y más visión de futuro a algunas culturas.

Es imposible describir el impacto que China ha tenido en toda la humanidad, pero este libro intentará hacerlo sumergiéndose en su rica historia.

Capítulo 1 – La Tierra del Emperador Amarillo

La Leyenda de P'an Ku

Desde el caos, la profundidad del origen de la vida, surgió Nu Kua Shih. Se dice en los textos antiguos que tomó arcilla amarilla en sus manos y moldeó a un hombre y una mujer. Dependía de ellos mantener su mundo saludable y pleno. Pero no siempre se desempeñaron bien, y su incapacidad de proteger la tierra tuvo ramificaciones.

En el mundo, que estaba conformado por China, se necesitaban reparaciones debido a las inundaciones. La gente creía que esta inundación era causada por Huang Di, el mítico "Emperador Amarillo", que estaba disgustado cuando su gente se portaba mal. El emperador Amarillo fue llamado como tal porque estaba hecho del suelo, que tenía un distintivo tinte amarillo. Cuando la sabia Nu Kua Shih vio esto, se apiadó de las personas y detuvo las inundaciones. Por lo tanto, la tierra fue salvada de la destrucción total. China tenía dos grandes ríos, el río Amarillo y el Yangtze, e incluso hasta el día de hoy, las inundaciones son un problema permanente deibdo a las crecidas periódicas de esos ríos.

Los descendientes de los primeros pueblos antiguos de China eran agricultores que vivían en ciudades-estado. La emigración estaba prohibida, ya que sus líderes se daban cuenta que la fortaleza residía en los números. La defensa dependía de la población, así como el cultivo de plantaciones. Había granjeros campesinos, pero también había granjeros de clase alta quienes tenían granjas parecidas a fincas. Posteriormente, los campesinos trabajaban fuera de las ciudades amuralladas, y las áreas interiores acogían a comerciantes, eruditos y artesanos.

La primera dinastía de China fue llamada la dinastía Xia. Los cimientos de los xia se basaban en la mitología, por lo que algunos investigadores creen que esta dinastía podría no haber existido en absoluto. El establecimiento de la dinastía Xia se le atribuye a un hombre llamado Yu el Grande. Aunque se decía que Huang Yi había frenado las inundaciones del río Amarillo, los xia creían que Nu Kua Shih era quien realmente detuvo las inundaciones, por lo que la deificaron.

Se cree que la dinastía Xia gobernó entre los años 1600 y 2100 a. e. c., si es que existió. El problema de su autenticidad se encuentra en el hecho de que no existen registros escritos contemporáneos de ella; de hecho, su primera mención data de aproximadamente el siglo 13 a. e. c.

Shang y Zhou

Alrededor del año 1600 a. e. c., surgió la dinastía Shang. Tenía un estado vasallo llamado los zhou. El alimento básico de la gente de Shang y Zhou era el arroz, un cultivo ideal para un país cubierto en agua. De acuerdo a una antigua leyenda, el arroz fue descubierto cuando un perro corrió por las inundaciones con unas semillas misteriosas adheridas a su cola. Cuando las personas se morían de hambre, calentaron las semillas en agua. Luego las semillas se expandieron y se volvieron lo suficientemente blandas como para comerse. El arroz salvó a las personas, y lo consideraron un regalo de Huang Di. La gente cultivaba arroz en arrozales, y creaban terrazas para el arroz para evitar la erosión. El arroz original que cultivaban era una variedad de arroz integral de grano largo.

Las clases altas disfrutaban carne de vacuno, pollo, cerdo, oveja y ciervo. Las clases bajas y los esclavos vivían más que nada de pescado. Es interesante notar que los chinos desarrollaron su método tradicional de cortar la comida en pequeños y sabrosos trozos en tiempos antiguos. Ya en el año 1000 a. e. c., durante la dinastía Zhou, dominaban las técnicas de salteado, cocinar al vapor y fritura. Se sentía que los alimentos cocinados eran la marca de la civilización.

Durante la dinastía Shang se desarrolló una forma de escritura, la que consistía en pictografías. En un corto período de tiempo, muchas de estas "imágenes" se volvieron menos complejas y más simbólicas. Incluso tenían símbolos para indicar la pronunciación fonética para ayudar a evitar la confusión. Las inscripciones hablaban de nacimientos, cosechas, guerras, sacrificios humanos, y amenazas de guerra de tribus vecinas. Arqueólogos y lingüistas han aislado hasta 3.000 caracteres de los escritos descubiertos de la dinastía Shang.

El gran filósofo Confucio nació en el año 551 a. e. c. durante la era Zhou. Sus creencias han inspirado a las personas por generaciones. Las reglas del confucianismo enseñaron obediencia a las autoridades adecuadas y añadieron mucho para promover un sentido de integridad autogenerada en la gente.

Otros aspectos de la cultura de esta época pueden hallarse en las numerosas decoraciones que crearon. La mayoría de la dinastía Shang tuvo lugar durante la Edad de Bronce, y, por lo tanto, usaron el bronce para cuencos, recipientes de incienso, máscaras ceremoniales, vasijas de vino y armas. A medida que la dinastía Shang se desvanecía, también lo hizo el uso del bronce. La metalurgia del hierro no se desarrolló completamente hasta los siglos 10 y 9 a. e. c. Apenas esto ocurrió, el hierro rápidamente reemplazó al bronce para su uso en la guerra, ya que el bronce se rompía fácilmente durante la batalla.

Las personas de las antiguas dinastías Shang y Zhou mayoritariamente se ubicaron entre los ríos Yangtze y Amarillo. El río

Amarillo fue llamado adecuadamente, ya que tiene un tinte amarillo por los sedimentos que toma a lo largo de su camino hacia el mar.

La Batalla de Muye

El gobernante de los zhou, el rey Wu era visto como el jefe principal del pueblo chino. En el año 1046 a. e. c., Di Xin, el gobernante de los shang, ansiaba fuertemente el trono e incluso le dijo a su pueblo que tenía el Mandato del Cielo, la idea de que un gobernante era escogido por los dioses para dirigir a las personas. Los desastres naturales eran vistos como una señal definitiva de que un gobernante había perdido el Mandato del Cielo. Sin embargo, en tiempos de guerra, todos aceptaban la creencia de que el Mandato del Cielo estaba del lado de los ganadores.

Según la leyenda, las personas de Shang estaban disgustadas con Di Xin tras casarse con una malvada mujer llamada Daji. Decían que Xin se volvió despiadado tras casarse con ella. En la batalla de Muye, ubicada en el este de China, los guerreros usaron picas, lanzas, ballestas y alabardas. También se usaron carros, y los artesanos diseñaron carros de guerra especiales que eran tirados por dos caballos y comandados por dos guerreros.

Las batallas se luchaban en estricta formación, y era deshonroso aprovecharse de los infortunios de los oponentes, como una rueda rota de un carro. Los campos de batalla se designaban con anticipación, y se ubicaban a distancia de las aldeas para mantener protegida a la población civil.

La batalla de Muye fue sangrienta, y Di Xin tuvo muchas deserciones en su ejército, que incluían soldados y esclavos. Debido a que perdió la confianza de su gente, perdió el trono, y la dinastía Shang terminó con él. En la narrativa antigua, el *Comentario de Zuo* señala: "la calamidad surge cuando los oficiales carecen de credibilidad. Sin partidarios, es seguro que uno perecerá". Luego de la batalla, se dice que Di Xin se adornó a sí mismo con joyas y se prendió fuego. Luego los zhou se convirtieron en la dinastía gobernante en China, con Wu como su primer rey.

Estructura Social

El rey Wu estableció una sociedad feudal en el país. Separó a las personas por clases:

    1. El rey

    2. La casa real y sus cortesanos

    3. Los alguaciles

    4. Los soldados

    5. Las personas comunes

    6. Los esclavos

Cuando Wu murió, su hijo mayor, Cheng, aún no había alcanzado la mayoría de edad (habría tenido alrededor de trece años), por lo que China fue gobernada por un regente, su tío el duque Wen. Durante los años, los numerosos complejos de aldeas lucharon entre sí para ganar un mayor control. También hubo un ímpetu para usar armas más fuertes, y los trabajadores comenzaron a usar hierro de pantano tomado de las ciénagas. Era derretido en hornos y moldeado para crear armas e incluso implementos agrícolas.

Los celos y la hegemonía predominaron durante el periodo de los Reinos combatientes, que tuvo lugar entre los años 475 y 221 a. e. c. Cuando la dinastía Zhou comenzó a caer en el siglo 5, tuvieron que depender de los ejércitos de los aliados. Estos estados vieron la oportunidad de convertirse en el único y verdadero poder del pueblo chino, y constantes guerras estallaron entre ellos, con las alianzas cambiando a menudo. Una vez que se disolvió el estado de Jin, surgieron tres importantes competidores: los estados Zhao, Wei y Han. Sin embargo, con el tiempo siete estados lucharon por el control de China Qin, Han, Wei, Zhao, Qi, Chu y Yan. Esto será tratado un poco más adelante en el próximo capítulo con el ascenso del estado y dinastía Qin, pero basta con decir que hubo mucha agitación entre los siete estados.

Cultura

Mientras los guerreros competían por el dominio político, la filosofía floreció entre la gente.

Confucio, quien vivió entre los años 551 y 479 a. e. c., inspiró a las masas con su enfoque humanista a la vida. Evitó la escrupulosa adherencia a una lista de reglas y regulaciones y en cambio favoreció una filosofía que era práctica y compasiva. Sin embargo, exigía mucho en términos de respeto por la autoridad. Él creía en la lealtad al estado y a los padres. El cultivo de la virtud era vital para una vida exitosa, así como el desinterés.

El taoísmo surgió cuando fue promovido por Laozi en el siglo 5 a. e. c. Él enseñó una creencia en el "camino", que es un proceso armonioso de vida. Significa que uno necesita atravesar el "camino" de la justicia y liberarse de los deseos egoístas. En una sociedad armoniosa, la infelicidad resulta de querer lo que uno no puede tener. A diferencia de Confucio, Laozi no hizo hincapié en la obediencia, sino que enseñó que uno debe vivir una vida que sea natural, que coincida con el ritmo de la vida.

Los primeros sacerdotes a menudo eran adivinos. Usaban pequeños huesos de animales que eran tirados al fuego hasta que se quebraban. Cuando eso ocurría, el oráculo presentaba sus respuestas a las preguntas que los clientes hacían. Los huesos usados para la adivinación se denominaban "huesos del oráculo".

El uso del *Tao Te Ching*, un importante texto en el taoísmo, tenía una función de adivinación y sigue siendo popular hoy para la cartomancia. La versión antigua usaba dichos de Laozi. Estaban escritos en pictografías en tiras de bambú. El cliente haría la pregunta, y luego se arrojaban las tiras, tras lo cual el adivinador las interpretaría. Hoy en día se usan cartas en lugar de bambú.

Antes de la invención del papel, se usaba el bambú para la escritura. Se cortaba en tiras, se unía a la parte posterior y se abría como un acordeón.

Capítulo 2 – La China Imperial Emerge

La Dinastía Qin

A medida que pasaba el tiempo, siete estados emergieron como fuerzas a tener en cuenta, y cada uno luchó contra los demás por el dominio.

Destino Anunciado

La gente de los estados de Wei, Han, Chu, Qi, Yan y Zhao estaban horrorizadas con la crueldad del estado Qin que emergió en el oeste. El sacerdote Bo Yangfu profetizó acerca de los tiempos finales de la dinastía Zhou cuando esto ocurrió. Dijo: "¡Los zhou están llegando al final! El qi [fuerza vital] del cielo y la tierra nunca se encuentra en desorden. Son las personas que le introducen caos". Y se equivocaba, ya que los zhou de hecho estaban llegando a su fin. En el año 256 a. e. c., la dinastía Zhou se desintegró tras su derrota por el estado Qin.

Qin era diferente a los otros reinos combatientes. No seguían el código de honor en el campo de batalla, sino que atacaban cuando surgía la oportunidad. Su ejército era enorme y bien entrenado, comandado por generales competentes quienes creían en la meta que perseguían: el dominio de los estados chinos. Uno de estos generales fue el filósofo dominante y legalista Shang Yang, quien, en el año 341 a. e. c., lideró exitosamente al ejército de Qin frente a los wei. Con ese triunfo, los dos principales estados que quedaron para luchar por el dominio eran Qi y Qin.

En el año 247 era claro que Qin era el más fuerte de todos. Si los otros estados se hubieran unido entre sí, podrían haberse opuesto a los poderosos soldados Qin. No lo hicieron, y por lo tanto, Qin rápidamente comenzó a conquistar todos los siete estados, comenzando con el estado Han en el año 230 a. e. c. Luego, Wei cayó en el 225 a. e. c., seguido del estado Chu en el 223. En el 222 a. e. c., Zhao y Yan fueron conquistados. Qi, sabiendo que se le acababa el tiempo, entregó sus ciudades sin luchar. En el 221 a. e. c., nació una nueva dinastía: la dinastía Qin.

Aunque la dinastía Qin fue capaz de superar con facilidad a estos estados, surgieron dificultades. En el año 227 a. e. c., Jin Ke y Qin Wuyang de Yan planearon presentar un mapa de su ciudad principal al rey Zheng de Qin. Sin embargo, dentro del mapa enrollado había una daga, los dos de hecho eran asesinos que querían acabar con el estado Qin con el golpe de una espada. Sin embargo, no eran muy buenos asesinos, ya que Qin Wuyang tenía tanto miedo que ni siquiera pudo presentarle el mapa al rey. Esto dejó el plan exclusivamente en las manos de Jing Ke. Tan pronto como el rey desenrolló el mapa, Jing Ke tomó la daga y atacó. El rey trató de sacar su espada, pero no pudo hacerlo fácilmente debido a su longitud. Mientras uno de los oficiales de Qin lograba distraer lo suficiente a Jing Ke, el rey sacó su espada y apuñaló a Jing Ke nueve veces.

El rey Zheng de esta historia cambió su nombre a Qin Shi Huang cuando se convirtió en el primer emperador de China. Y para asegurarse que la nación permaneciera unificada, los qin buscaron la uniformidad en todos lados. Introdujeron una detallada estandarización de pesos y medidas. Por ejemplo, los carros que eran tirados en las calles siempre dejaban surcos después que llovía, los que después se endurecían cuando el barro se secaba. La solución del emperador fue regular la anchura de los ejes. De esa manera, todos los surcos estaban en el mismo lugar, y los carros podían viajar a una velocidad eficiente.

Qin era un régimen totalitario. Amenazado por principios y palabras del pasado, Qin Shi Huang quemó todos los tomos y escritos que pudo encontrar.

El Emperador Invisible

El emperador prácticamente "desapareció" durante su reino. No quería ser visto por la gente común porque eso podía hacerlo vulnerable en sus viajes, por lo que inauguró una masiva red de transporte con una carretera elevada de tres carriles exclusivamente para él y su comitiva. Se la llamaba la Ruta Directa Qin, y se extendía por todos los estados bajo su control.

Qin Shi Huang también era un poder invisible. Señales de sus cambios se veían en todas partes, pero las personas no podían tocarlo. Uno de los primeros proyectos ejecutados por Qin Shi Huang fue registrar a toda la población. Pero quizás el más grande logro de la dinastía Qin fue la Gran Muralla China.

La Gran Muralla

Para proteger a su imperio de la interferencia de los señores feudales vecinos, cuyas ideas podrían inspirar la desunión, los emperadores ordenaron construir una muralla masiva. Varias murallas habían sido construidas anteriormente, algunas tan antiguas como del siglo 7, y Qin Shi Huang decidió conectarlas en el año 221 a. e. c. A medida que pasaba el tiempo, las diferentes dinastías que gobernaban China la reparaban y extendían, creando lo que hoy conocemos como la Gran Muralla. Se mantuvo a lo largo de los siglos para ayudar a proteger el país de hordas bárbaras, como los hunos, turcos, mongoles, kitanos, yurchen y los xiongnu.

La Caída de la Dinastía Qin

Luego del reino de Qin Shi Huang, su hijo, Qin Er Shi, fue nombrado nuevo emperador, pero era solo una marioneta en manos de su eunuco, Zhao Gao. Qin solo tenía diecinueve años, y por ello, era maleable a la influencia dominante de Zhao. Zhao también se dio cuenta que Qin Er Shi era muy crédulo y creó un hazmerreír a partir del niño al conspirar con otros cortesanos para convencer al emperador de que un caballo que le dio para cenar era en realidad un ciervo.

Lamentablemente, ese tipo de comportamiento ingenuo por parte del emperador abrió oportunidades para rebeliones campesinas. Qin tenía una tendencia para microgestionar, y castigaba a las personas por infracciones menores. Zhao hizo que Qin se volviera un emperador escondido, como su padre, lo que permitió a Zhao ganar más poder y cegó a Qin acerca de la gravedad de las revueltas que estallaron durante su reinado. Qin Er Shi gobernó solo por tres años. Fue asesinado por un golpe de estado liderado por Zhao Gao, y el próximo gobernante sería Ziying, quien tomó el título de rey en lugar del de emperador.

En el año 207 a. e. c., los qin fueron derrotados en la batalla de Julu. Tras la batalla, uno de los generales rebeldes, Xiang Yu, ¡enterró vivos a 200.000 soldados Qin! Sin embargo, perdonó a los tres generales más importantes, quienes se volverían reyes durante el periodo de los dieciocho imperios. Ziying fue obligado a rendirse ante Liu Bang, otro líder rebelde, terminando así el imperio Qin.

Los Dieciocho Reinos

Entre los años 206 y 202 a. e. c., China se involucró en una guerra total. Después que el imperio Qin se disolvió en dieciocho estados independientes, Xiang Yu y Liu Bang se dieron cuenta que China necesitaba unificación; sin embargo, no podían ser ambos el líder supremo de una China unificada. Por lo tanto, ambos libraron guerras entre sí, con los otros dieciséis reyes escogiendo bandos.

Xiang Yu era despiadado y belicoso, e intentó asesinar a Liu. Por otro lado, Liu era un hombre que engendraba una intensa lealtad entre sus seguidores. Luego de conquistar varios estados, adicionalmente a los que ya gobernaba dentro del estado Chu, Xiang Yu reunió un enorme ejército y persiguió a Liu Bang, quien controlaba el estado Han, con una odiosa venganza. Derrotó a Liu Bang después de tres grandes batallas, tras lo cual Liu Bang pidió un armisticio.

Liu Bang inicialmente se adhirió a las condiciones del acuerdo. Sin embargo, los seguidores de Liu sabían que no se podía confiar en Xiang Yu e instaron encarecidamente a su líder a romper el acuerdo. Liu no se encontraba en una buena posición para ganar la guerra contra Xiang Yu, pero finalmente fue capaz de convencer a dos poderosos líderes locales para que ayudaran sobornándolos con promesas de títulos. Funcionó, y Liu Bang derrotó a Xiang Yu en la batalla de Galaxia en el año 202 a. e. c.

Xiang Yu era un hombre que no estaba acostumbrado a la derrota, pero permaneció firme con los pocos hombres que le quedaban. Sin embargo, pronto fueron asesinados, y luego de que Xiang Yu fuera herido mortalmente, decidió quitarse la vida. China ahora le pertenecía a Liu Bang.

La Dinastía Han

Liu Bang se convirtió en el emperador de la dinastía Han en el año 202 a. e. c., y asumió el nombre real de emperador Gaozu. Como lo demostró en el periodo de los dieciocho reinos, era un hombre de principios. Aunque inicialmente no le gustaban los principios de Confucio, luego se dedicó a la creencia confuciana de que el liderazgo moral era crucial para crear un país estable.

Como una de sus primeras acciones como emperador, Gaozu recompensó a quienes le ayudaron a ganar. También se dio cuenta que el aspecto más importante de liderar un país era la economía. Por lo tanto, designó a Xiao He, quien lo había ayudado enormemente durante la guerra contra Xiang Yu, como encargado de suministro de alimentos para alimentar a las personas durante períodos de hambruna. Cao Shen, otro de los hombres que luchó del lado del estado Han, fue nombrado canciller. Se esperaba de él que organizara y dirigiera un gobierno eficiente.

Cao Shen era un hombre erudito y consultaba a expertos en varios aspectos del gobierno. Siguiendo ideales confucianos, Cao escogió a líderes de la administración basándose en sus competencias, honestidad y obediencia a la autoridad, no en la herencia, como se había hecho en el pasado.

Habiendo experimentado la pesada carga tributaria impuesta sobre las personas durante la dinastía Qin, Cao redujo los impuestos a los campesinos. Sin embargo, subió los impuestos a los comerciantes, ya que se habían beneficiado bastante bien durante las guerras. Nacionalizó las industrias del hierro y la sal cuando se dio cuenta que algunas personas estaban creando enormes fortunas de ellas mientras otros eran explotados.

Esto fue llamado la "Época Dorada de la Antigua China". Gaozu creó una atmósfera de libertad creativa para que el país fuera exitoso, y la economía fue estimulada por los esfuerzos de Gaozu para abrir la Ruta de la Seda, que conectaba Oriente con Occidente, para facilitar el comercio. Debido a lo atractivo de la seda, una de las invenciones más importantes fue la de un telar primitivo, que le dió a los artesanos chinos la habilidad de producir ropa estampada para vender a través de la Ruta de la Seda. Arqueólogos han descubierto modelos de aquel telar en Laojunshan, en la provincia de Shu, que se remontan a la dinastía Han.

La Guerra Han-Xiongnu War, 133 a. e. c.–89 e. c.

En el año 133 a. e. c., el emperador Wu de la dinastía Han atacó a los feroces y nómadas Xiongnu. Los xiongnu eran jinetes muy agresivos y habilidosos, originarios de las regiones esteparias al norte de la China actual. Los xiongnu se hicieron enemigos de varias tribus cercanas al asaltar sus granjas, destruir sus graneros y confiscar sus tierras. El emperador creó su alianza entre su pueblo y el pueblo

Yuezhi, que también eran nómadas, así como excelentes guerreros y jinetes. Algunos de los guerreros de Wu eran soldados de infantería y tenían que luchar a pie.

Alrededor del año 144 a. e. c., la Ruta de la Seda, una red de rutas comerciales que conectaba Oriente con Occidente, fue expandida por la dinastía Han. Wu usó la Ruta de la Seda para transportar sus fuerzas para luchar contra los xiongnu. Fue asistido por el General Huo Qubing, quien dirigió las fuerzas de caballería. Para el año 110, habían obligado a los xiongnu a retirarse al desierto de Gobi.

Capítulo 3 – La Supremacía de los Han, 202 a. e. c.–220 e. c.

En el año 53 a. e. c., el imperio Xiongnu estaba en crisis. Huhanye se rebeló en el año 59 a. e. c. con la esperanza de convertirse en el gobernante, pero su hermano, Zhizhi, aún se interponía en su camino. Zhizhi era más fuerte que Huhanye, quien decidió acudir a han en busca de ayuda. Para obtener su asistencia, Huhanye hizo las paces con los han, y Xiongnu se convirtió en un estado tributario. En aquellos días, era costumbre enviar a alguien de sangre real como rehén al poder dominante. Así como una caravana de regalos, telas preciosas y joyas. Huhanye envió a su hijo, Shuloujutang a vivir en la corte de han. En respuesta, los han enviaron una placa de bronce que decía: "al obediente, amistoso y leal jefe de Xiongnu de Han". Debía mostrarse de forma prominente y servía como promesa de lealtad al emperador de Han.

Zhizhi también envió a su hijo a los Zhan en el año 53 a. e. c., y si bien envió emisarios en los años siguientes con tributos, no fue personalmente a presentarlos, como se esperaba. Esto fue considerado como un gran insulto, y ya que su hermano, Huhanye, había seguido respetuosamente el protocolo, los han lo respaldaron. En el año 36 a. e. c., los han rodearon la fortaleza de Zhizhi y procedieron a asesinar a más de 1.000 Xiongnu, así como a Zhizhi y sus esposas. El victorioso general han, Chen Tang, llevó la cabeza cortada de Zhizhi al emperador Yuan de Han.

Comienzo del Conflicto

La dinastía Han también estaba asediada por celos, conflictos internos y revueltas. Esto le costó dinero al imperio, y el tesoro imperial se fue agotando lentamente para mantenerse al día con el costo de estas guerras.

En el año 9 e. c., Wang Mang usurpó el trono. No tenía sangre real, pero igualmente declaró que él y solo él tenía el Mandato del Cielo. Algunos historiadores ven su conquista de poder simplemente como eso, mientras que otros creían que tenía grandes planes de reformas sociales. Si bien Wang Mang creía que su gobierno estaba separado de la dinastía Han, nombrándolo como la dinastía Xin, la mayoría de los historiadores lo consideran un período de interregno, ya que la dinastía Xin terminó con la muerte de Wang Mang.

El malestar no hizo más que crecer durante el gobierno de Wang Mang, gatillando levantamientos y guerras, especialmente en las tierras del este de Han. Si bien las reformas de Wang Mang eran progresistas al comienzo de su gobierno, que incluían la abolición de la esclavitud, no le agradaron a la gente, y terminó volviendo a las viejas costumbres. Sus planes para la economía tampoco salieron bien, y en el año 17 e. c., las arcas imperiales estaban vacías, lo que tampoco era ayudado por la corrupción desenfrenada que estaba ocurriendo. Mientras los impuestos aumentaban y la corrupción en el gobierno se mantenía, los campesinos beligerantes se unieron y rebelaron. Wang luchó contra ellos, pero perdió cada vez más apoyo. Luego de ello, la población se rindió a la autoridad del legítimo heredero de Han, Liu Xiu, quien se convirtió en el emperador Guangwu.

El Buen Emperador Guangwu

El emperador Guangwu se enfrentó a muchos pretendientes cuando ascendió al trono en el año 25 e. c. Por ejemplo, Gongsun

Shu formó la dinastía Cheng el mismo año, la cual creció hasta cubrir una gran área de China. Guangwu era un hombre de paz y detestaba el derramamiento de sangre de han contra han, pero no había otra opción más que luchar contra los cheng.

Sin embargo, la dinastía Cheng no fue la única amenaza que Guangwu tuvo que derrotar para unificar el imperio. Surgieron varios poderes regionales, y Guangwu pasó varios años derrotándolos. Guangwu prefería el enfoque diplomático, que funcionó en algunos casos. Wei Xiao de los xizhou y Dou Rong de la provincia de Liang se sometieron al emperador. Guangwu designó a Dou Rong como el principal contralor de su región. Guangwu a menudo otorgaba títulos y honores a los caudillos que se sometían, pero nunca el poder suficiente para conquistar el imperio.

No todos aceptaron tan fácilmente a los han. Liu Yong, quien afirmaba ser el real emperador han y controlaba el área de Jiangsu (actualmente la provincia de Henan), atacó a los han. En el año 29 e. c., él y su hijo fueron asesinados por las fuerzas del emperador Guangwu. Por el año 30 a. e. c., los han habían unido todo el este de China.

Sin embargo, el emperador Guangwu aún tenía que encargarse de Gongsun Shu y de la poderosa dinastía Cheng. En el año 33, Guangwu fue capaz de poner toda su atención en Gongsun. Luego de varias batallas, Guangwu y sus guerreros rodearon a Gongsun en su capital en el año 36. Gongsun fue engañado haciéndole creer que los soldados de Guangwu eran más débiles de lo que parecían, y en la batalla que siguió, fue herido de muerte. Toda su familia fue masacrada, así como miembros de otros funcionarios prominentes de la dinastía Cheng. Una vez que cayó la dinastía Cheng, toda China se unió una vez más.

Contribuciones de los Han

Los chinos eran matemáticos talentosos, y los han inventaron el sistema de eliminación gaussiana, que corresponde a un proceso en álgebra lineal usado para eliminar todas las variables de una ecuación excepto una. La eliminación gaussiana permitiría una solución numérica en la determinación de medidas y cantidades. Fue parte de *Los Nueve Capítulos Sobre Arte Matemático* y precedió a las matemáticas en Europa.

En el año 105 e. c., Cai Lun perfeccionó la invención del papel. Estaba hecho de cáñamo, corteza de árbol y trapos y telas que se formaban dividiendo viejas redes de pesca. En el año 132, Zhang Heng inventó el primer sismómetro, un dispositivo que mide terremotos. También era un talentoso astrónomo y sorprendió a la comunidad científica al decir que la luna no brilla con su luz propia, sino que refleja la luz del sol. Zhang Heng también fue el primero en crear un mapa preciso de las estrellas en el hemisferio celestial.

Los han desarrollaron muchas otras cosas que hoy damos por sentadas. La carretilla, el compás magnético, el telar y el globo de aire caliente fueron todos inventados por las grandes mentes de la dinastía Han. Las primeras versiones de los altos hornos y los timones de los barcos también pueden ser atribuidos a la civilización China.

La Rebelión de los Turbantes Amarillos, 184-205

Las tradiciones taoístas se practicaron constantemente durante estos tiempos difíciles. Muchos sagrados sacerdotes, magos y practicantes de la temprana medicina herbal china ayudaron a los menos afortunados, enfermos y vulnerables. El fundador de los Turbantes Amarillos, Zhang Jue, era un devoto del taoísmo. Anunció a la gente que la dominación han estaba llegando a su fin. Afirmó que nuevos tiempos esperaban y señaló: "El Cielo Azul ya está muerto; el Cielo Amarillo pronto ascenderá. Cuando el año sea jiazi [184 e. c.], ¡habrá prosperidad bajo el cielo!". El "Cielo Azul" se refiere a la dinastía Han.

Según las leyendas, las personas reportaron haber visto los signos sagrados, que incluían una pluma de humo negro en la cámara de audiencias imperial que tenía la forma de un dragón, así como un terremoto, que ocurrió en una provincia distante. Debido al terremoto, que según la gente ocurrió en el año 184 e. c., una fisura abrió la tierra y emergieron guerreros. Los guerreros llevaban turbantes amarillos para proclamar su fraternidad.

Sin embargo, la verdad no está tanto en el ámbito de lo sobrenatural. Zhang Jue y sus hermanos, Zhang Bao y Zhang Liang, eran curanderos. Enseñaban el arte de la medicina herbal china a sus pupilos. El aspecto religioso de estos líderes pareció servir como justificación a la violencia que acompañó a esta revuelta.

Sima Qian, un historiador chino y contemporáneo del régimen han, escribió que muchos logros militares fueron atribuidos a los hermanos Zhang. En una transcripción escrita por Sima Qian, se dice que Zhang Bao "extendió su cabello y sacó su espada, convocando espíritus con artes mágicas. De repente se desató una tempestad, y el aire se convirtió en una niebla negra". La historia continúa diciendo que las numerosas tropas emergieron de esa niebla y fueron a la batalla.

La Rebelión de los Turbantes Amarillos fue generalizada, e incluso reclutaron a no chinos para participar en ella. Algunos se unieron para derribar al imperio han, pero muchos de los que se unieron eran caudillos que buscaban expandir sus propios pequeños reinos.

Hubo muchas facciones que se separaron de la membresía inicial de los Turbantes Amarillos, quienes luchaban por el control de varias provincias. Poco a poco, las facciones fueron suprimidas. Cuando el infame guerrero Cao Cao luchó contra los Turbantes Amarillos en la provincia de Yu en el año 205, finalmente fracasó. Después que esto se logró, Cao Cao había unido exitosamente el norte de China y luego procedió hacia el sur.

La Batalla de los Acantilados Rojos, 208

El caudillo del norte Cao Cao decidió conquistar las tierras al sur del río Yangtze: Zhouzhuang, Wuzhen (Wuhan), Xitang y Tangli. Eran antiguas ciudades acuáticas, conectadas por una red de canales. Hoy en día, muchos turistas y residentes pueden viajar en barco y cenar en los puestos junto al mar, disfrutando algunas de las delicias culinarias creadas por los vendedores. La gran ciudad y puerto de Shanghai de hoy también se encuentra dentro de esta área.

Cao Cao invadió estas pintorescas e importantes ciudades en el año 208. Aunque era un formidable guerrero, cometió un error que otros a menudo también cometían: no se familiarizó con las características ambientales del área. El Yangtze, como el río Amarillo, se desbordaba varias veces durante las estaciones, y Cao Cao no lo sabía. Entonces, a pesar de que él y sus tropas superaban en número a las fuerzas locales, sus caballos, sus guerreros y sus armas se atascaron en el lodo y el barro de los pueblos acuáticos. Los soldados de Cao Cao se vieron obligados a atravesar los pantanos, y a veces se convertían en víctimas cuando alcanzaban zonas de arenas movedizas. De hecho, Liu Bei, uno de los líderes de los defensores de los pueblos acuáticos, se rió y dijo a los guerreros de Cao Cao: "después de pasar por el infierno, como arenas movedizas, no ha crecido ni una brizna de hierba. ¡Definitivamente morirán aquí!".

Algunos historiadores han llamado a la batalla de los Acantilados Rojos como una batalla naval, y en cierta manera lo fue. Cuando el enemigo en el sur lanzó barcos de fuego a través del Yangtze, aquellos que no se habían atascado en el barro saltaron al agua que no podían encontrar. Cao Cao se vio obligado a retirarse.

A lo largo de los siglos, la figura de Cao Cao acarrea un legado de poder que atrae a los egoístas de cualquier época. De él se dice: "eres lo suficientemente sabio como para gobernar el mundo y lo suficientemente perverso para destruir el mundo".

Los Tres Reinos, 220-280

El hijo de Cao Cao, Cao Pi, creó su propio estado llamado Wei en el año 220. Cuando abdicó el emperador Xian de Han, Cao Pi tomó el trono, acabando con la dinastía Han de una vez por todas. Poco después de esto, dos rivales, Liu Bei y Sun Quan, crearon respectivamente los estados de Shu Han y Wu.

Wei, Shu y Wu crearon la base de los videojuegos más populares de la actualidad. Estos juegos tienen una base histórica y cuentan con las figuras que se destacan en este libro. Cao Pi, por ejemplo, es el cuestionable héroe de los mundos malvados y oscuros que permearon a los chinos han en estos tiempos turbulentos.

Los emperadores de los tres reinos eran jóvenes e inexpertos, por lo que sus cortesanos, que eran eunucos castrados, manipularon el país y ganaron poder. Fueron días oscuros, pero líderes locales surgieron de entre la gente. Estos líderes se levantaron y, de acuerdo a un antiguo narrador, anunciaron: "prometemos estar uno al lado del otro y ser hermanos de sangre para siempre. ¡Aceptemos proteger a la gente de nuestra patria!". Este cuento fue escrito en el Romance de los Tres Reinos por Luo Guanzhong. Es una historia acerca de los caudillos de las leyendas y la tradición basada libremente en la historia de este período caótico. Es una historia sobre subterfugios y traición, y habla de coraje contra la cobardía.

Los tres reinos finalmente se unificaron en el año 280, con Sima Yan conquistando el último reino de Wu. Luego Sima Yan estableció la dinastía Jin y fue conocido posteriormente como emperador Wu.

La Dinastía Jin, 266-420

Aunque la dinastía Jin unió las áreas de lo que actualmente es el este de China, el gobierno dividió los distritos en un complejo sistema de administraciones más pequeñas. Hasta 11 llegaron a existir en el año 400, pero finalmente aumentaron a dieciséis. Ocurrieron expansiones territoriales, y el estado Jin original luego fue dividido en regiones al norte y noroeste: Yan del Sur, Yan del Norte, Wei (llamado así por el estado original de Wei), Xia y Liao.

Mientras los funcionarios se ocupaban de los asuntos administrativos, los artesanos del área desarrollaban una fina cerámica de porcelana llamada celadón, también conocida como porcelana verde. Los artefactos eran finamente tallados y hoy en día son bastante valiosos. La porcelana verde fue el precursor de los finos esmaltes tricolores creados durante la siguiente dinastía Tang.

Homicidio y Asesinatos

La crueldad surgió de los celos y las malas acciones del último gobernante de la dinastía Jin, que finalmente llevó a su desaparición. El emperador An era el legítimo heredero cuando llegó al trono en el año 397, pero tenía una discapacidad de desarrollo. Debido a su discapacidad, fue estrangulado en el 419 a la edad de 37 años por órdenes de su propio regente, Liu Yu. Liu Yu fue uno de los varios regentes que tuvo el emperador An, ya que tenía un puesto muy codiciado. Liu Yu luego proclamó al hermano del niño, Sima Dewen, como el nuevo emperador. Sin embargo, el emperador Gong (el nombre real de Sima Dewen, cedió al poder de Liu Yu un año después, entregándole el trono. A Liu Yu le preocupaba que Sima eventualmente recuperara el trono, por lo que decidió tomar el asunto en sus propias manos y asfixió a Sima, de 35 años, con una manta. Con la muerte de Sima Dewen, la dinastía Jin llegó a su fin.

Las Dinastías del Norte y del Sur, 386-589

El mal que se había encendido durante la dinastía Jin se expandió por todo el país, dando origen a muchas divisiones y subdivisiones para satisfacer a los pequeños gobernantes de las provincias más pequeñas.

El poder estaba dividido entre los reinos del norte y del sur, con los reinos cayendo y surgiendo como nuevos reinos a medida que pasaba el tiempo. A veces, los reinos existían simultáneamente con otros, como los reinos del norte de Wei Occidental (535-557) y Qi del norte (550-577).

Dado que las dinastías del norte y del sur duraron un poco más de 200 años, muchos gobernantes surgieron, y este libro examinará a uno de esos gobernantes. En el año 561, el emperador Wu de Zhou del Norte llegó al poder. Al inicio de su reino, permitió que su primo, Yuwen Hu, hiciera gran parte del gobierno, ya que Yuwen Hu era esencialmente el hombre que había puesto al emperador Wu en el trono. Sin embargo, con el tiempo comenzó a acumular más poder personal y atacó exitosamente a Yuwen Hu en el año 572. El resto de su reinado se dedicó a la idea de unir a China bajo un solo gobernante, pero el emperador Wu murió súbitamente en el 578, dejando el trono a su hijo, Yuwen Yun.

Tristemente, Yuwen Yun, quien fue conocido como emperador Xuan al momento de ascender al trono, era un líder mediocre. Los intentos de su padre de unificar a China fueron arrojados por la borda, ya que el emperador Xuan buscaba volver a los valores tradicionalistas en lugar de dedicarse a asuntos más importantes. Menos de un año después de asumir el trono, Xuan se lo pasó a su hijo, el emperador Jing. En el año 580, tras la muerte del emperador Xuan, el suegro del emperador Jing, Yang Jian, tomó el poder y estableció su propia dinastía, la dinastía Sui, en el año 581. Su nombre real era emperador Wen.

A lo largo del tiempo de las dinastías del norte y del sur, las personas buscaron refugio en el budismo, taoísmo y confucianismo. Aunque el budismo fue introducido mucho después que las otras dos religiones, rápidamente creció en popularidad. Mientras estas tres religiones competían por el dominio, los sagrados sacerdotes aún reconocían la importancia de los tres sistemas de creencias. En el siglo 6 la gente erigió gloriosos templos para el culto dentro del Monasterio Suspendido, una elegante estructura tallada en los acantilados del noreste de China. Según la leyenda, fue diseñado por un monje llamado Liaroan, y contiene exquisitos tallados, balcones con pilares, múltiples escaleras y estatuas pintadas de sacerdotes y adoradores budistas. Actualmente esta maravillosa estructura es un sitio turístico.

La Dinastía Sui, 581-618

Aunque la dinastía Sui no duró mucho tiempo, el emperador Wen fue capaz de unir a toda China bajo un gobernante. Además de este gran logro, la dinastía Sui también construyó el Gran Canal. Hasta ese momento, los soldados en campañas largas tenían que detenerse para cultivar sus propias verduras y cereales como alimento. Una vez que se les podía enviar comida por bote, todo fue mucho más conveniente y consumía menos tiempo.

El Gran Canal fue y sigue siendo el canal más largo del mundo. Tiene 1.776 millas de largo, y comienza en Beijing y se dirige hacia el noroeste hasta Hangzhou. El Gran Canal conecta al río Amarillo con el Yangtze, así como otros cuatro ríos menores. Después que el canal se construyó, el comercio floreció entre las provincias. El comercio era crucial para el imperio, ya que sus barcos llevaban grano a la corte imperial y a la costa este.

El emperador Wen de los sui sabía que el área bajo su control se inundaba constantemente por los ríos Amarillo y Yangtze. Por lo que en el año 584 contrató al ingeniero Yuwen Kai para solucionar el problema. Yuwen Kai y sus ingenieros crearon pequeños canales para desviar el agua. Construyeron el canal de Guangtong para aliviar el desbordamiento del Gran Canal, y también cavaron el canal de Shanyang para permitir un mayor tráfico entre los ríos Yangtze y Huai. Muchos estudios científicos se están llevando a cabo en el Gran Canal respecto a su impacto ambiental, y sus resultados más prometedores están siendo implementados.

En el 594 hubo una severa sequía. Para reducir la comida, el emperador y su corte se abstuvieron de comer carne durante un año. Cuando Yang Guang, hijo y futuro heredero de Wen, le pidió a su padre que estableciera un elaborado festival a los dioses para aliviar la sequía, Wen lo hizo. Sin embargo, Wen fue extremadamente frugal y no dio mucho dinero para el festival.

En la primavera del año 604 el emperador hizo preparaciones para mudarse al Palacio de Renshou, donde normalmente pasaba los veranos después de su construcción en el 593. Sin embargo, un hechicero le advirtió que, si iba a ese lugar, no regresaría. Ignorando la advertencia, Wen fue de todas formas a Renshou y murió por una enfermedad. Fue reverenciado por las siguientes generaciones.

Su hijo, Yang Guang, asumió el trono, asumiendo el nombre real de emperador Yang. De acuerdo a las interpretaciones de una antigua placa diseñada entre los años 604 y 617, los estudiosos señalan que Yang era hedonista y explotaba a sus trabajadores, quienes eran reclutados para hacer su vida placentera. La historia parece confirmarlo porque las rebeliones campesinas fueron frecuentes durante su gobierno. Adicionalmente, Yang hizo el inútil intento de conquistar Corea y partes de lo que hoy es Vietnam.

Uno de sus generales y gobernadores, Li Yuan, comenzó a acumular poder personal. En el año 617, Li logró capturar la capital y puso al nieto de Yang en el trono. Cuando el emperador Yang murió en el año 618, Li removió al joven emperador y se declaró como el nuevo gobernante de China. Él creó una de las dinastías chinas más influyentes: la dinastía Tang.

Capítulo 4 – La Época Dorada: La Dinastía Tang, 618–907

En el año 618, Li Yuan tomó el nombre real de emperador Gaozu. Adoptó varias de las prácticas sabias del emperador Wen. A los hombres adultos se les otorgó mucha tierra sobre la cual pagaban impuestos. Gaozu también estableció un sistema monetario usando monedas de cobre y escribió un código de leyes. Lamentablemente, se encontró con el mismo destino que el anterior emperador Yang de la dinastía Sui. En el año 626, uno de sus tres hijos, Li Shimin, asesinó a sus hermanos. Su padre, temeroso de las siguientes acciones de su hijo, abdicó y le dejó el trono. Shimin fue entonces conocido como emperador Taizong. A pesar de sus acciones criminales, fue un emperador efectivo. La vida como miembro de la realeza era, en el mejor de los casos, extremadamente riesgosa para hermanos y familiares cercanos. Por lo tanto, estos no fueron los mejores tiempos.

En el 657, Taizong anexó el Kanato Túrquico Oriental y expandió el imperio. El Kanato Túrquico, ubicado en la actual Kirguistán, era bueno para el cultivo de granadas, uvas y arroz. Adicionalmente, los turcos en esa región eran bastante obedientes y se adaptaron bien a su estado tributario.

Taizong hizo muchas cosas buenas por su país creando graneros de almacenamiento en caso de hambruna, y también inauguró un examen civil para determinar la capacidad administrativa de quienes servían en oficinas gubernamentales. La dinastía Tang expandió su esfera de influencia hacia el imperio persa en Asia Central y en la actual Afganistán.

La Emperatriz "Malvada"

Taizong murió en el año 649. Su hijo, Gaozong era el siguiente en la línea de sucesión. Sin embargo, Gaozong estaba enamorado de una de las concubinas de su padre, Wu Zetian. Wu estaba muy ansiosa por tomar el control de los asuntos del estado.

En el año 660 su deseo se hizo realidad cuando Gaozong comenzó a sufrir de una enfermedad, permitiéndole a Wu aprovechar la oportunidad de ganar mucho poder. Esencialmente fue capaz de gobernar en su lugar, pero para hacerlo de manera más segura, debía eliminar a su competencia. Encontró excusas para poner a las otras esposas de Gaozong bajo arresto domiciliario, y no solo apuntó a aquellas influyentes mujeres. En el 652 Wu dio luz a un hijo, Li Hong. Cuatro años después, se convirtió en el príncipe heredero, y a medida que pasaba el tiempo, se volvió más firme y expresivo acerca de las acciones de su madre. De acuerdo a historiadores contemporáneos, ella lo envenenó en el año 675. Considerando las cosas que ella hacía para mantener el poder, es totalmente posible que fuera ella quien estuviera detrás de su muerte.

En el año 683 el emperador Gaozong murió y fue sucedido por el otro hijo de Wu, Li Zhe, quien se convirtió en el emperador Zhongzong. Todo marchó bien hasta que Zhongzong intentó designar a su suegro, Wei Xuanzhen, como canciller. Wu rápidamente lo despidió y exilió a su hijo. Obviamente, Wu no escondía sus ambiciones o poder. Ella puso en el trono a su hijo más joven, Li Dan (emperador Ruizong).

Aunque ella mantenía todo el poder, con su hijo gobernando como una figura decorativa, quería aún más. En el año 690, Wu anunció una nueva dinastía, la dinastía Zhou, y trató de gobernarla ella misma. Para impulsar su autoridad, ella escribió la *Gran Nube Sutra*, que narraba que una emperatriz femenina sería responsable de erradicar problemas como la hambruna, la preocupación y la enfermedad del mundo. También afirmaba ser una encarnación de Maitreya, la sucesora de Buda.

Hasta el día de hoy, Wu Zetian ha sido la única emperatriz mujer de China. Aunque era una novedad que una mujer gobernara, honestamente no era muy diferente de otros emperadores hombres. Introdujo algunas nuevas reformas, pero en general mantuvo las cosas en la forma que se encontraba, trayendo un nuevo periodo de estabilidad a la nación. Sin embargo, la gente no reconoció su proclamada nueva dinastía, y no le importaban sus métodos para ganar poder (algunos de los cuales posiblemente fueron exagerados; este libro solo aborda superficialmente lo que se le acusa de haber hecho. En el año 705, ocurrió un enorme golpe de estado. Wu Zetian fue obligada a renunciar a su puesto, y Zhongzong fue restaurado como emperador. Lamentablemente para Zhongzong, cometió el fatal error de casarse con alguien muy parecida a su madre.

En el año 710, Zhongzong murió. La mayoría de los historiadores creen que fue asesinado por su malintencionada esposa, la Emperatriz Wei, quien aspiraba a una vida similar a la de Wu Zetian. Las conspiraciones y las contraconspiraciones se apoderaron de la corte, ya que los diversos cortesanos y funcionarios de la corte intentaban ganar más poder en el imperio. Para asustar a Wei, los conspiradores asesinaron a sus dos sobrinos y a su primo. Luego Wei escapó a un campamento de guardias del palacio. Sin embargo, también estaban disgustados por su nefasto comportamiento, ¡y Wei fue decapitada! Su cuerpo y los de sus asociados fueron exhibidos al público por las calles de Chang'an.

En el año 710, el hermano de Zhongzong, Ruizong, ascendió al trono una vez más. Sin embargo, después de escuchar algunas terribles predicciones de sus astrólogos, abdicó y le dejó el trono a su hijo, el emperador Xuanzong, en el año 712. Xuanzong era un hombre sabio que se rodeó de cancilleres capaces. Se empapó de la filosofía china y pavimentó el camino para la prosperidad y la paz en el reino.

Los Logros Culturales de los Tang

La dinastía Tang se destaca en el mundo de las artes y la literatura por sus tesoros. Muchas de estas obras de arte fueron transportadas por el Gran Canal y la Ruta de la Seda para ser vendidas en otros países.

Yi Xing fue un ingeniero que desarrolló usos para la energía hidráulica, la que los agricultores incorporaron en dispositivos similares a la rueda hidráulica para usar en sus granjas. Yi adoptó ese mismo movimiento para crear un globo celestial con engranajes dentados para medir los movimientos de los planetas. En el año 725, inventó una especie de reloj que funcionaba con el movimiento del agua en palas de diferentes tamaños, que estaban divididas en medidas que marcaban las horas y los días en un ciclo de cinco días. Fue equipado con campanas y tambores para marcar las horas y los cuartos de hora.

Li Bai fue uno de los poetas más notables durante la dinastía Tang. Sus obras reflejan la naturaleza y están llenas de reflexiones compasivas, profundas y meditadas. Sin embargo, usaba palabras simples. La naturaleza taoísta de su trabajo es clara: "nos sentamos juntos, la montaña y yo, hasta que solo la montaña permanece". Entre los años 779 y 831, otro gran escritor, Yuan Zhen, escribió la *Biografía de Yingying*, la cual fue posteriormente usada en óperas chinas. También se escribieron historias contemporáneas durante este período, brindando abundante material a los futuros estudiosos acerca de las políticas, prácticas y cultura de los tang.

La xilografía fue uno de los más notables logros de los tang, ya que era una manera en la que los chinos podían imprimir sus historias sagradas, narraciones y poesía. No solo eso, sino que la técnica también fue aplicada en tejidos. Esto ayudó a las costureras a crear hermosos patrones en sus vestimentas.

La impresión era un proceso bastante tedioso, ya que requería tallar muchos bloques de madera. Los pictogramas que formaban los caracteres chinos también tenían que ser cortados en relieve. Las letras, por supuesto, debían imprimirse como en una imagen especular para poder ser leídas. Luego, el diseño de las palabras era impreso en seda. Los chinos son muy artísticos y utilizaban muchos motivos para decorar sus tejidos. Las flores y las plantas eran los temas más comunes. Les gustaban los colores brillantes, por lo que se desarrolló una técnica para reproducir el color. Se mezclaban bayas o mineras triturados con agua para producir los colores. En caso de que se necesitara más de un color, una imagen era separada en colores, y múltiples bloques de madera eran usados. Antes de los computadores, los artistas usaban la separación de colores para crear un diseño cohesivo y atractivo.

El *sancai* es una forma de alfarería característica del período Tang. Los jarrones y figuras tricolores, principalmente utilizados en tumbas Tang, eran muy populares. Los taoístas de Tang creían en la vida después de la muerte, y también creían que la tumba de una persona debía incluir todos los artículos necesarios en la vida. Estatuas de cazadores, sirvientes y caballos fueron encontradas en muchas de estas tumbas.

El *sancai* estaba compuesto de bauxita, un recurso que continúa siendo valioso hasta el día de hoy. Actualmente, China es el segundo productor más grande de bauxita en todo el mundo. Se usa para fabricar abrasivos, productos de cemento y aluminio. Para la alfarería y cerámica Tang, la figura de bauxita necesitaba dos cocciones en el horno para poder crear una estatuilla tricolor. Los colores predominantes encontrados en la China Tang eran el marrón, el verde y el rojo. Dado que la bauxita es muy versátil, también se pueden hacer vidriados a partir de ella. La aplicación de estos vidriados añadía a la inusual belleza de las obras.

Los tang también supervisaron la expansión de las Grutas de Longmen. Habían sido cuidadosamente talladas en la ladera de una montaña, hay más de 2.000 cuevas con figuras, cerca de 2.500 estelas y 100.000 estatuas. La emperatriz Wu, a pesar de sus defectos, apreciaba el arte y respetaba el budismo, por lo que contribuyó a su conservación.

La orfebrería también fue producida por los talentosos artesanos del periodo. Usaban metales preciosos, como el oro y la plata. El bronce también se usaba para hacer espejos y copas.

Quizás uno de los inventos menos conocidos de los chinos es algo llamado mortero de arroz pegajoso. Fue utilizado por primera vez en el año 500 e. c., que fue antes de la época de la dinastía Tang, pero se volvió ampliamente utilizado durante el periodo Tang. Entonces, en esencia, ¡la impermeabilización fue posible por el uso del arroz! Cuando la sopa de arroz pegajosa se mezclaba con cal de piedra caliza, la cual era desmenuzada, calentada y humedecida, se procedía a crear un mortero adecuado para albañilería y para reparar huecos en casas. Incluso fue usado para reparar agujeros en la Gran Muralla.

¡Pólvora!

Los alquimistas chinos eran bien conocidos como curanderos y magos. Pasaban muchas horas experimentando con elementos encontrados en rocas y plantas. Cuando el azufre, carbón y el salitre se combinaban y calentaban, la mezcla explotaba. Sin duda esto fue descubierto accidentalmente cuando la sustancia fue puesta en un contenedor cerrado con un extremo abierto. Los alquimistas chinos eran bien conocidos como un grupo de personas que tomaba riesgos, con sus barbas chamuscadas, cejas faltantes y quemaduras en sus rostros causados por los muchos diferentes químicos que mezclaban. Después de muchos intentos, lograron proto-fuegos artificiales. Se usaban en festivales como petardos primitivos o simplemente para impresionar a una multitud de admiradores. No fue hasta el siglo 10 que la pólvora fue usada en la guerra. Los chinos fueron los primeros en inventar la sustancia, y no se extendería por Eurasia hasta el siglo 13.

En el año 858, se imprimió un texto taoísta con una receta de seis partes de azufre, una parte de raíz de aristolochia y seis partes de salitre. La "raíz de aristolochia" es un género relacionado a la hermosa planta de clemátide. Los rizomas (raíces horizontales) de la planta se usaban para esta fórmula, pero no son necesarios para crear la mezcla que crea la pólvora.

El texto chino que delineó la receta química de la pólvora advertía a los lectores de que el producto resultante podría causar quemaduras en la piel e incluso quemar casas si se mezclaba dentro de un laboratorio. La primera versión de la pólvora era llamada *huo yao*, que significa "medicina de fuego".

Gobierno

La administración de los tang tenía tres departamentos que estaban a cargo del trabajo de emitir y revisar políticas, así como de asegurarse que la gente estuviera al tanto de los últimos pronunciamientos. Seis ministerios manejaban una amplia gama de tareas, incluyendo las finanzas, el ejército y la justicia, Muchos de los emperadores hicieron un cuidadoso recuento de la población de sus diversas provincias y estados tributarios para recaudar los impuestos adecuados, y se hicieran cumplir las regulaciones fiscales. Los Tang también tenían un servicio postal con rutas que tenían aproximadamente 20.000 millas de largo en total.

La Rebelión de An Lushan

Para arruinar una época pacífica, un general descontento llamado An Lushan convenció a sus guerreros para que se rebelaran en el año 755. Se declaró como el nuevo emperador de China y se formó la nueva dinastía Yan, la que existió al mismo tiempo que la dinastía Tang. El primer movimiento de An Lushan fue capturar Luoyang, que se convirtió en su capital. Luego las fuerzas planeaban desplazarse hasta la capital china de Chang'an (la actual Xian). Tomó algo de tiempo capturarla, pero para el año 756, pertenecía a An Lushan y sus fuerzas.

La Dinastía Yan de Siete Años

El emperador Xuazong de los tang reunió hasta 22.000 mercenarios, algunos de los cuales eran del noroeste de China. Muchos de ellos eran uigures, quienes supuestamente eran musulmanes de origen turco. Originalmente, ellos vivían en la cuenca del Tarim (centro-norte de China), pero habían sido suplantados a lo largo de los siglos. Actualmente, residen en comunidades de la diáspora en Kazajistán, Kirguistán, Uzbekistán, y a lo largo de Europa y América.

Durante la rebelión de An Lushan, hubo asesinatos y conspiraciones entre los generales rebeldes, quienes deseaban posiciones lucrativas en la nueva dinastía Yan. De hecho, An Lushan fue asesinado por su propio hijo, An Qingxu, después de que se enfureciera por las amenazas de su padre hacia sus amigos. Uno de los generales poderosos, Shi Siming, luego asesinó a An Qingxu. El hijo de Shi Siming, Shi Caoyi, asesinó a su padre y se proclamó como emperador Suzong. Todo esto ocurrió en cuatro años, entre los años 756 y 761. Como resultado, varios generales se indignaron por esta convulsión interna y abandonaron la causa Yan. Para el año 765, la causa estaba perdida, y Shi Caoyi se suicidó para evitar ser capturado.

El Declive de la Dinastía Tang

La rebelión de An Lushan no fue la causa de la caída de los tang. Bajo la dirección del emperador Xuanzong, el arte, la literatura y el aprendizaje permearon la tierra. Sin embargo, hacia el final de su reinado, Xuanzong mostró un interés aún mayor en sus concubinas, especialmente en su favorita, Yang Guifei. Prestaba menos atención a gobernar, dejando esta tarea en manos de sus asesores.

El emperador Xuanzong le dio a Yang Guifei todo lo que quería, ya fueran vestidos, joyas o elaboradas fiestas. Sin embargo, ella luego comenzó a pedirle al emperador que designara a miembros de su familia en posiciones importantes de la administración. Le pasó este deber a uno de sus cancilleres, Li Linfu, con instrucciones para hacerlo. Li Linfu asignó a la familia Yang a lucrativos puestos gobernantes, e incluso puso a algunos de sus propios amigos personales en esos puestos. Como resultado, el sistema de servicio civil encargado de administrar pruebas a los posibles administradores fue ignorado. Por lo tanto, muchos puestos cruciales fueron ocupados por gente virtualmente incompetente. Adicionalmente, muchos de estos funcionarios ni siquiera eran chinos. Eran extranjeros quienes tenían otros intereses más importantes que China.

Los amigos más cercanos del emperador le dijeron que Yang y su familia eran perjudiciales para el imperio. De mala gana, dio su consentimiento para que se encargaran de ella. En el 756, el año posterior al inicio de la rebelión de An Lushan, ella fue estrangulada y su cuerpo fue enterrado de una manera simple. El emperador sintió mucho remordimiento, aunque sabía que esos asuntos a menudo se manejaban de manera violenta. El emperador Xuanzong también estaba triste por su entierro casi anónimo y envió a sus eunucos para que volvieran a enterrarla de manera adecuada en el año 757. Lamentablemente, el cuerpo de Yang estaba descompuesto, pero los eunucos encontraron en su tumba una bolsa de fragancias y pétalos secos de flores y se lo llevaron al emperador. Al verlo, lloró incontrolablemente y fue consumido por la culpa y la pérdida.

En el año 807, el poeta taoísta Bai Juyi escribió la *Canción del Arrepentimiento Eterno* acerca de la trágica experiencia de Xuanzong. Una estrofa dice: "en una noche en el Salón de la Longevidad, seamos dos pájaros volando uno al lado del otro. Seamos dos ramas en la tierra inseparablemente unidas. Sin embargo, el cielo y la tierra no serán eternos. Solo este arrepentimiento permanece y dura por siempre".

En el año 757 Xuansong ya no era emperador. Cuando huyó de la rebelión de An Lushan en el año 756, su hijo, Li Heng, había tomado el trono. El gobierno del emperador Suzong (Li Heng) fue marcado por luchas de poder internas y la rebelión de An Lushan. Después de la muerte de Suzong en el año 762, el emperador Daizong tomó el trono. Mientras la rebelión era sofocada durante su reinado, estallaron otras rebeliones de varios caudillos, y esencialmente gobernaban como estados independientes, jurando apenas algo de lealtad al emperador. Los emperadores sucesivos fueron incapaces de unir efectivamente a China, lo que finalmente llevó a la desintegración de la dinastía Tang.

De Regreso al Principio

Los tang habían surgido en una época en que los caudillos gobernaban los reinos y pasaban sus regímenes gratificándose o defendiendo sus mini-reinos. Y estaba claro que la historia se repetía nuevamente. El último emperador Tang, Ai, solo tenía catorce años cuando fue expulsado del trono. Con ese movimiento, la dinastía Tang murió, no con el estallido de pólvora ni con el golpe de una espada, sino con el triste suspiro de un niño, era el año 907.

Capítulo 5 – La Dinastía Song, 960–1279

Después de la Dinastía Tang, hubo un periodo de caos continuo en el liderazgo de China y su administración. Después del año 907, cuando la dinastía Tang colapsó, el caos permaneció 53 años más. El periodo conocido como las Cinco Dinastías y Diez Reinos tuvo lugar entre los años 907 y 960. Ocho segmentos de tierra en el sureste fueron ocupados por los wu, min, shu, los posteriores zhou, liang (o liao), wuyue, los han del norte y los han del sur, los estados de Jingnan y Annam. Las porciones más grandes de China fueron colonizadas por los kitanos (mongoles), los yan del norte, los shatuo (una tribu túrquica sinizada), el estado de Da Chang Hi, los tufan (tibetanos) y los uigures.

Una Profecía Inicia la Dinastía Song

El futuro emperador de la dinastía Song fue predicho por un profeta desconocido que le dijo a líderes militares y cancilleres que Zhao Kuangyin había recibido el mandato del cielo, lo que significaba que contaba con la aprobación de las deidades para gobernar como emperador. Él en realidad se convirtió en emperador debido a un golpe de estado, aunque lo más probable es que la profecía lo haya ayudado a llegar al trono. Era conocido en ese momento como emperador Taizu. Quería unir a todos los pequeños reinos en uno más grande. Comenzó su reinado en el año 960, pero su sueño no se volvería realidad durante su gobierno, aunque logró unificar a una gran parte de China.

Durante el primer año de su reinado, redujo las amenazas a su unidad otorgando a los comandantes militares de alto rango un gran buffet, así como generosas propiedades y dinero para la jubilación. Después de algunas negociaciones, el plan funcionó. Taizu inició su plan de unir los reinos, y siguió un periodo de paz. Después de eso, el territorio Song se expandió.

Las "Sombras Junto a la Vela y los Sonidos de un Hacha"

Una noche, cuando tenía 49 años, Taizu estaba enfermo y se retiró a su habitación. A nadie se le permitió entrar, ya que estaba durmiendo. Sin embargo, en medio de una oscura noche, los observadores informaron que miraron hacia la ventana de la habitación del emperador y vieron la luz de una vela bailando en la muralla. Luego vieron una alta sombra negra inclinándose sobre la cama del emperador. Lo siguiente que escucharon fue el sonido de un hacha cayendo sobre el piso de madera, y luego nada más.

En la mañana, el emperador fue encontrado muerto. No ha surgido ninguna evidencia concreta para confirmar la historia, pero de todas formas se ha mantenido popular. Ciertamente es sospechoso que su hermano menor, Zhao Kuangyi (emperador Taizong), tomara el trono en el año 976 en lugar de los hijos de Taizu.

Taizong conquistó las tierras del norte de Han y Wuyue. Aunque intentó conquistar las tierras de Liao, no tuvo éxito, habiendo perdido miserablemente en la batalla del río Gaoliang en el 979. Las fuerzas de Taizong también se aventuraron fuera de su territorio para intentar capturar Dai Viet (la actual Vietnam). Eso tampoco tuvo éxito. Sin embargo, condujo a la introducción del arroz Champa, que era cultivado únicamente en Dai Viet. Es un arroz híbrido que madura más rápido y puede ser cosechado dos veces en una temporada.

El sucesor de Taizong, el emperador Zhenzong, estaba irritado por el fracaso de los chinos en la conquista de la dinastía Liao de los kitanos en el año 979. Sintió que podía conquistarlos e intentó hacerlo en el 1004. Los song perdieron, y como consecuencia, el emperador se volvió subordinado a ellos. Esto implicó el pago de tributos anuales. En varias ocasiones, Zhenzong agregaba arroz champa a sus tributos, y eso sirvió para suavizar la disposición del pueblo kitano.

El emperador Renzong sucedió a Zhenzong en el año 1022. Aunque era admirado por los chinos por ser justo y tolerante, el emperador era un pacifista incurable. En un cuestionable esfuerzo para prevenir que el estado occidental de Xia atacara desde el oeste, Renzong pagó cuantiosos sobornos a su enemigo, el estado Liao, para mantener un balance de poder. Si bien no era una decisión imprudente considerando las posibilidades, creó un agujero en el tesoro del país. Renzong gobernó hasta 1063. Como era de esperar, el jefe de la dinastía Liao presentó sus respetos en el funeral de Renzong.

El Emperador Artista

Los primeros emperadores Song se concentraron en la expansión de la dinastía Song. Sin embargo, el emperador Huizong, quien gobernó entre los años 1100 y 1126 estaba en una categoría diferente. Su contribución no fue de fuerza o conquista militar; sino que fue de la preservación y prolongación de la cultura y el arte chinos. Huizong fue un maestro calígrafo y realizó hermosas y delicadas pinturas de seda de aves y flores. Su estilo de caligrafía, llamado "Oro Fino", abrió una nueva forma de expresión artística para otros artistas y calígrafos. También escribió poesía elegante.

Huizong conocía sus limitaciones y admitió que no era un hombre poderoso. Descuidó a los militares, y cuando los nómadas yurchen de la dinastía Jin invadieron Liao desde el norte, Huizong se alió con ellos. Esto eliminó al estado Liao, pero también significaba que los yurchen no tenían ningún otro enemigo en el área además de los

Song. Huizong quería escapar, pero sus asesores le rogaron que abdicara primero. Su hijo, el emperador Qinzong, se convirtió en el gobernante de un periodo tumultuoso.

Lamentablemente, el emperador Qinzong tampoco era un líder militar fuerte. Aunque los yurchen abandonaron el sitio de Bianjing en el año 1126, que era la capital de Song, los Song fueron obligados a firmar un tratado, acordando enviar tributos cada año a la dinastía Jin. El tratado solo aplacó a los yurchen por un tiempo, y regresaron en 1127 y finalmente entraron a la capital. Huizong fue enviado a una región distante por los últimos ocho años de su vida, donde estuvo aislado para siempre de las personas que amaba. Lamentablemente, murió allí en la pobreza.

En el año 1127, la dinastía Song se retiró hacia el sur del río Yangtze. Es por eso que los historiadores dividen la dinastía Song en dos partes: los song del norte y los song del sur.

En 1206, los song nuevamente fueron a la guerra contra los Jin, quienes gobernaban el norte, bajo la insistencia del canciller Han Touzhou, el emperador Ningzong sintió que los Jin habían sido debilitados por una serie de desastres naturales, por lo que se aprovechó. Sin embargo, esto no funcionó, y los song perdieron su apuesta de recuperar sus tierras del norte. Un tratado de paz fue firmado en 1208, y para empeorar las cosas, el gobierno Song fue obligado a restablecer su pago de tributos.

El Ataque de los Mongoles contra la Dinastía Jin

En el año 1121, el gran Gengis Kan de los mongoles atacó la región del norte de Song, que era controlada por los Jin. Los mongoles lograron convertir a los jin en un estado vasallo. Sin embargo, los Jin hicieron algunos movimientos que no agradaron a los mongoles; por ejemplo, trasladaron su capital de Beijing a Kaifeng. Los mongoles tomaron represalias y conquistaron la dinastía Jin por completo en 1234.

Los song se habían aliado con los mongoles durante todo esto, pero cuando se salieron de sus límites y tomaron otras ciudades importantes, como Kaifeng y Chang'an, los mongoles reaccionaron con fuerza. En el año 1259, los mongoles se desplazaron para invadir a los song, y lo hicieron en el típico estilo mongol, con fuerza bruta y maniobras rápidas.

Si bien los song ganaron algunas batallas, principalmente debido a la muerte súbita de Ogedei Kan, el hijo de Gengis Kan, quien asumió el poder después de la muerte de su padre, los mongoles a menudo tenían la ventaja. Una de las batallas más importantes, la Batalla de Xiangyang, tuvo lugar entre los años 1267 y 1273. Kublai Kan, el nieto de Gengis Kan, quien era ahora el líder del imperio mongol, y su hermano Hulagu Kan, participaron de la batalla. Tanto Kublai como Hulagu tenían interés en el pueblo de Xiangyang porque estaba cerca del gran centro comercial de Hangzhou que se ubicaba justo al oeste. Xiangyang tenía allí un impresionante fuerte, por lo que los mongoles emplearon sus catapultas y el Chuangzi-Nu, un ingenioso dispositivo de madera y metal que podía disparar ráfagas de flechas ardientes al enemigo. También usaban lo que se llamaba "bombas de choque de trueno", que eran cilindros de metal llenos de pólvora. Los mongoles tuvieron éxito en esta batalla, y finalmente tuvieron éxito en la guerra contra los song. En el año 1279, la dinastía Song dejó de existir.

El "Último" Emperador Song

El carácter moral del emperador Lizong, que asumió el trono en 1224 era deplorable. Era autoindulgente y ciego a la creciente amenaza de los mongoles, quienes ya habían atacado y conquistado algunas de las tierras de los jin en el norte.

Lizong no tenía hijos propios, por lo que decidió adoptar a su sobrino, Duzong, y prepararlo para el trono. Sin embargo, Duzong tenía problemas de desarrollo y una inteligencia limitada porque su madre intentó abortarlo cuando estaba embarazada, y los procedimientos médicos a los que se sometió eran crudos.

Duzong ocupó el trono entre los años 1264 y 1274. Los cortesanos sentían lástima por el emperador Duzong, ya que era física y mentalmente incapaz de desempeñar su papel. De hecho, Duzong escuchó sobre los mongoles y la batalla de Xiangyang por medio de una doncella de palacio. Cuando Duzong consultó a un canciller Song, Jia Sidao, acerca del ataque, el hombre intentó ocultárselo en un equivocado esfuerzo de compasión.

Técnicamente Duzong no fue el último emperador de la dinastía Song. Sin embargo, muchos historiadores lo ven como el último porque fue el último emperador que pudo haber hecho un real cambio para detener el avance de los mongoles.

Capítulo 6 – Kublai Kan: La Dinastía Yuan, 1271–1368

Kublai Kan era el nieto de Gengis Kan. Cuando era joven, estudió filosofía china y enseñanzas budistas de Haiyun, un monje buidista, así como una forma más avanzada de budismo bajo Drogon Chogyal Phagpa, un reverenciado maestro de budismo. En el año 1252, Kublai estaba a cargo de los territorios del norte de China que habían sido capturados por los mongoles. Mientras se encontraba en ese lugar, aprendió matemáticas y astronomía del conocido Zhao Bi quién vivía allí. En 1260, después de la muerte de Mongke Kan, Kublai se convirtió en el nuevo gobernante del imperio mongol.

Kublai Kan no solo era un gran líder y guerrero, también era un excelente escritor y poeta. Su narrativa, *Ascenso a la Montaña de la Primavera*, contiene fascinantes motivos de la naturaleza y profundos pensamientos, como "las flores brillaban con luminosos rayos, y los auspiciosos colores relucían como un arcoiris. El humo del incienso flotaba como niebla, y una bendita luz emanaba".

En 1271, el año en que los mongoles invadieron a la dinastía Song, Kublai Kan anunció el advenimiento de una nueva dinastía conocida como Yuan. En la ciudad de Shangdu, también conocida como Xanadu, Kublai construyó su palacio de verano, ubicado en la actual

Mongolia Interior. En el año 1275, el explorador italiano Marco Polo lo describió como "el palacio del Gran Kan, [es] el más extenso que se ha conocido. Los costados de los grandes salones están adornados con dragones en madera tallada y oro, figuras de guerreros, aves y bestias. En cada uno de los costados del palacio hay grandes tramos de escalones de mármol".

Había parques y pastizales, en los que Kublai mantenía una manada de caballos blancos especiales, el caballo mongol, una raza actualmente reconocida. Es un caballo muy resistente, acostumbrado a gélidas temperaturas y viajes duros. Estos caballos eran ideales para la batalla. Los jinetes mongoles podían montar estos caballos sin monturas, solo agarrando los costados del animal con sus piernas.

A Kublai Kan le gustaban las grandes fiestas y disfrutaba del entretenimiento de magos de otras tierras. Marco Polo intentó descifrar su acto, diciendo que se llevaba a cabo usando ayudantes en la multitud. Estos magos podían levantar vasos en el aire sin ser sostenidos.

La tolerancia religiosa se practicaba en todo el reino. Kublai Kan respetaba las prácticas de los cristianos, judíos, budistas, shamanes, taoístas y musulmanes.

Guerra contra Japón

El gran Kan tenía un enorme interés en ampliar su imperio, y envió expediciones militares con el propósito de invadir Japón, Vietnam, Java y Birmania.

En el año 1281 Kublai Kan invadió Japón. Tenía una excelente marina mongol, la que utilizó enviando 3.500 barcos desde el sur de China hacia los puertos de Japón. Envió dos flotas, donde la primera tomó una ruta por el este y otra por el sur. Sin embargo, la flota del este no siguió las órdenes y esperó que la flota del sur se les uniera. En cambio, la flota del este atacó Japón por sí sola.

Como era de esperar, su intento de invadir Japón resultó terrible. Muchos mongoles fueron asesinados, heridos o terminaron en la esclavitud. Japón logró mantenerse aislado, ya que expulsaron a los mongoles de las aguas que rodeaban sus islas.

Batallas en Dai Viet (Vietnam)

Hubo tres grandes batallas iniciadas por la dinastía Yuan para tomar el control de Dai Viet. En 1257 los mongoles sometieron al clan Tran de Dai Viet, y se convirtió en un estado vasallo que debía pagar tributo. Sin embargo, cuando los yuan pidieron marchar a través del territorio Tran para lograr acceder al sur (Vietnam del Sur), el rey Tran se negó. Insultados, los mongoles exigieron su rendición, a lo que Tran se negó. Entonces, en el año 1284, los yuan atacaron Dai Viet y ganaron. Después de que los tran se rindieron, decidieron no proceder con un tratado de paz. En cambio, los Tran atacaron a los mongoles, y resultaron victoriosos.

En 1285 los mongoles atacaron nuevamente. Esta vez, los soldados del Dai Viet obtuvieron ayuda de un kan vecino, Duwa del kanato Chagatai. Él ayudó a los soldados de Dai Viet y derrotó a los soldados de Kublai en una guarnición en la cuenca del Tarim.

En el año 1287, los mongoles intentaron invadir Dai Viet una vez más. Esta vez, lograron una victoria parcial y ocuparon algunas tierras cerca de la bahía de Ha Long. Sin embargo, el general Tran, Tran Khanh Du, destruyó los barcos de suministro mongoles. Privados de suministros, los mongoles fueron obligados a retirarse el año siguiente.

Invasiones de Birmania

Las batallas entre la dinastía Yuan y Birmania se prolongaron por casi diez años, entre el 1277 y el 1287. Si bien los mongoles habían podido someterlos al inicio, tuvieron dificultades para recolectar los tributos y debían regresar frecuentemente para exigirlos. Desconocido para los mongoles, los pequeños reinos del territorio estaban constantemente intranquilos. Adicionalmente, los birmanos eran en su mayoría agricultores que habían sufrido varias sequías.

En 1287, cuando un tratado estaba siendo redactado, el rey de Birmania fue asesinado. Había sido acusado de abandonar a su pueblo a los mongoles. En sus historias, el rey Narathihapate era llamado entonces "el rey que escapó del Taruk".

Sociedad y Programas de Bienestar

Kublai Kan organizó a la sociedad según grupos étnicos. Lo hizo para mantener a los mongoles en las máximas posiciones de poder durante su reinado. El orden habría sido algo así: 1) mongoles, 2) asiáticos centrales (no chinos), 3) chinos del norte y 4) chinos del sur.

Sin embargo, era misericordioso y creía en la justicia. Después de conquistar el país de Birmania, descubrió que había mucha pobreza, especialmente entre aquellos que estaban enfermos o eran incapaces de mantener a sus familias. A las regiones más necesitadas, envió cereales y telas para confeccionar ropa. También hizo que los trabajadores de la construcción de sus tierras ayudaran a reparar las casas en caso de desastres, como inundaciones y guerras. Además, pidió a los campesinos donar su tiempo y habilidades si las granjas en esas áreas afectadas tenían necesidades como sembrar, cosechar o cavar canales de riego.

Muerte de Chabi y Kublai

Algunos de los príncipes imperiales de Kublai se unieron en rebelión, e intentaron ganar tierras y riqueza para ellos mismos. La corrupción se infiltró en el gobierno, y Kublai era incapaz de controlarla, ya que grandes porciones del imperio en el siglo 13 desafiaban al control central.

En el año 1281, la esposa favorita de Kublai, Chabi, murió, y él quedó abatido. Mientras Kublai reflexionaba sobre su vida pasada, sus fracasos para subyugar Japón y Dai Viet ocupaban su mente, deprimiéndolo aún más. Asimismo, era incapaz de controlar la corrupción en el gobierno y el resentimiento de los campesinos, ya que se les estaba sobrecargando.

En 1287, la rebelión de Nayan gatilló constantes disturbios en los distritos de Manchuria, y las variaciones de esa revuelta lo atormentaron por años. En el año 1294, Kublai Kan murió a la edad de 78 años.

Ma Zhiyuan (seudónimo: Dongli), un poeta yuan, escribió sobre Kublai Kan, diciendo: "una vid seca, un árbol antiguo, cuervos al anochecer. Un pequeño puente, un arroyo que fluye. Un viejo camino, viento del oeste, un caballo demacrado. En el horizonte al atardecer, hay un hombre con el corazón roto".

La Decadencia de los Yuan

A diferencia de los emperadores chinos antes que él, el ascenso de Kan no se vio empañado por el fratricidio y el asesinato. Sin embargo, la lucha y los desafíos de controlar China desgarraron el tejido de la sociedad. A pesar de la falta de violencia interna, la discriminación contra los chinos han por parte de Kublai Kan y los señores mongoles dejó su marca, ya que los cargos gubernamentales cruciales siempre se otorgaban a los mongoles, mientras que los chinos mantenían puestos de menor importancia. Dado que los han eran el grupo étnico más grande en China, finalmente este prejuicio engendró violencia.

Las Rebeliones de los Turbantes Rojos

Muchos de los chinos han se volcaron a sus raíces religiosas en el budismo, buscando consuelo del creciente prejuicio de los mongoles. En el siglo 13, el movimiento del Loto Blanco, que seguía la creencia de la venida de un salvador, Buda Maitreya, gatilló revueltas contra el reinado mongol. Cuando la organización del Loto Blanco fue prohibida, pasó a la clandestinidad.

En el año 1351 el movimiento del Loto Blanco originó lo que se llamó la Rebelión de los Turbantes Rojos. Se llamaban así porque usaban bufandas rojas y turbantes rojos. Los Turbantes Rojos formaron un ejército oficial y atacaron indiscriminadamente a los funcionarios mongoles. Un poderoso líder con el nombre de Zhu

Yuanzhang surgió de este movimiento, y posteriormente fundaría la siguiente dinastía de China.

Si bien la infraestructura de la dinastía Yuan se desmoronaba por las rebeliones, la plaga atacó. Millones de personas murieron; se estima que, en el siglo 14, el 30 por ciento de la población de China murió por la enfermedad. Por lo tanto, la dinastía Yuan perdió su apoyo, y sucumbió a los estragos de la violencia y la enfermedad.

Capítulo 7 – La Gran Dinastía Ming, 1368–1644

El Emperador Hongwu

En 1368, Zhu Yuanzhang, el venerado vencedor de la Rebelión de los Turbantes Rojos, se convirtió en el primer emperador de la dinastía Ming. Tomó el nombre de era "Hongwu", que significaba "enormemente marcial". El uso de nombres de era se había utilizado desde el año 140 a. e. c., pero el emperador Hongwu introdujo la tradición de tener solo un nombre de era para cada gobernante; antes de esto, los gobernantes podían cambiar sus nombres de era tantas veces como quisieran.

Hasta el momento, la historia china se caracterizaba por un patrón repetitivo de conspiraciones, asesinatos, traiciones y corrupción. Hongwu era un hombre familiarizado con todo eso, y estos aspectos se manifestaron en su propio reinado. Llevó a cabo frecuentes purgas en su administración e incluso de su propio equipo de sirvientes. Algunos historiadores reportan que la paranoia de Hongwu provocó hasta 30.000 ejecuciones. El país tenía muchas guarniciones militares, especialmente en sus fronteras, pero Hongwu no daba mucha autoridad a sus generales para que tomaran decisiones de manera independiente. Hongwu también adoptó un código legal diseñado a partir de la filosofía confuciana. Se señalaba a Confucio como un líder que daba mucha importancia a la obediencia a la autoridad, por lo que un código legal confuciano era un resultado obvio de esa forma de pensar.

Los mongoles, quienes habían gobernado antes de la dinastía Ming, eran escrupulosamente controlados. Durante la era Yuan, los chinos han fueron víctimas de prejuicios, por lo que esto podría considerarse un caso de discriminación inversa.

Las Revueltas Miao

El sur de China, en la década de 1370, era un área rebelde, especialmente la provincia de Yunan, justo al norte de Birmania. Los nativos en ese lugar resistían el estilo de gobierno Ming, y al hacerlo, representaban una amenaza al régimen autoritario del emperador. Para controlar estos violentos estallidos, los que fueron conocidos como las revueltas Miao, Hongwu reclutó al pueblo uigur de las provincias en el noroeste de China. Las fuerzas uigures sofocaron estas rebeliones, pero las revueltas volvieron a estallar en el siglo 15. El emperador Ming fue capaz de sofocar nuevamente las rebeliones, aunque lo hizo de manera cruel. Por ejemplo, en el año 1460 el emperador ordenó la castración de más de 1.500 niños Miao, algunos de los cuales murieron en el proceso. Quienes sobrevivieron fueron convertidos en esclavos eunucos.

Finalmente, muchos de los uigures migraron a Henan en China central. A estas personas se las conoció como chinos Hui, quienes en su mayoría practicaban el islam.

El Sector de Manchuria

En Manchuria, en el centro-norte de China, muchas de las personas eran descendientes de los yurchen, quienes eran nómadas problemáticos. El emperador Hongwu no deseaba tener relaciones estrechas con ellos, y su administración tenía poca presencia política en el área, a excepción de guardias y guarniciones para sofocar los disturbios locales. Esto cambiaría con el tiempo, con los Ming posteriores interesados en controlar el área de manera más completa.

Los Tibetanos

En el Tíbet, el emperador Hongwu otorgó a la gente una semi-autonomía. Eran (y siguen siendo) fervientes budistas, que se encuentran entre cuatro diferentes sectas budistas. La secta predominante es la Gelug "Sombreros Amarillos", la cual es dirigida por un líder llamado el Dalai Lama. El líder actual del budismo tibetano, Tenzin Gyatso, es el decimocuarto Dalai Lama. Históricamente, los tibetanos tuvieron la protección de los mongoles, lo que tendía a disuadir al emperador Hongwu y otros emperadores Ming de establecer relaciones estrechas con ellos.

El Emperador Yongle

Aunque el emperador Hongwu nombró a su nieto, Zhu Yuwen, como su sucesor, su hijo, Zhu Di, fue consumido por los celos y desató una guerra civil de tres años durante la cual ordenó asesinar a su sobrino, a la esposa de su sobrino, a su tía, y a los cortesanos del palacio. Luego Zhu se proclamó como el emperador Yongle en el año 1402.

La Ciudad Prohibida

La Ciudad Prohibida es un complejo de palacios imperiales, edificios administrativos, áreas de culto, y residencias para el personal de palacio y emperatrices viudas de años anteriores.

El emperador Yongle estableció la capital en la actual Beijing en 1420, donde fue que empezó a construir la Ciudad Prohibida en el año 1406. Es el logro culminante de su reinado. La Ciudad Prohibida tiene ese nombre porque solo el emperador, su familia inmediata, y sus sirvientes eunucos supuestamente tenían autorización para entrar, a menos que el emperador hubiera dado su permiso explícito de otra manera. Los edificios auxiliares externos servían funciones administrativas, por lo que eran lugares donde otros funcionarios y las visitas de estado podían ingresar y realizar sus labores.

Esta magnífica estructura tiene 980 habitaciones. Hay un foso de 171 pies a su alrededor, así como una gran cantidad de gruesos muros defensivos. Los artesanos imitaron los estilos de construcción que vieron en las pinturas de seda de la Dinastía Song. Hay elaboradas entradas en los cuatro costados que llevan los nombres "Puerta del Poder Divino", "Puerta Gloriosa del Este", "Puerta de Dongan", "Puertas de Chang'an Este y Oeste" y "Puerta Meridiana". Muchos de los edificios interiores llevan nombres inspiradores como "Salón de la Armonía Suprema", "Palacio de la Pureza Celestial", "Salón de la Tranquilidad Terrenal" y "Salón de la Felicidad Universal".

Los techos de la Ciudad Prohibida se hicieron con tejas vidriadas de color amarillo, y se decoraron con hileras de estatuillas con dragones imperiales, fénix y similares. Las murallas están salpicadas con relieves, mandalas, pinturas e íconos. Los temas se derivan del taoísmo, pero hay algunas áreas que manifiestan el shamanismo o creencias budistas.

Viajes de Tesoros

El emperador Yongle quería impresionar a los países cerca de china con la riqueza de la dinastía Ming con el fin de disuadir invasiones y proyectar el enorme poder de los Ming. Comenzando en 1403, hizo que su almirante, Zheng He, ordenara la construcción de flotas de impresionantes barcos. Estaban fuertemente blindadas y llevaban creaciones artísticas, sedas, ropas con brocado dorado y una colección de suministros. Los chinos daban esos tesoros como regalos a los jefes y representantes de gobiernos extranjeros. Luego invitaban a dignatarios y embajadores de varios países para que los visitaran en China. Debido a esta inesperada generosidad, algunos de los otros países estuvieron dispuestos a convertirse en estados tributarios a cambio de defensa militar.

En su primer viaje en 1405, fueron a Champa (Vietnam), Java, Malaca (Malasia), Aru (Indonesia), Semudera (Sumatra), Ceilán (Sri Lanka) y otras islas y territorios en el Pacífico sur. En su camino de regreso a China, Zheng He y su tripulación debió enfrentar al pirata

Chen Zuyi. Por años, los piratas monopolizaron los mares alrededor de Sumatra y asaltaron barcos de otros países insulares. Los chinos atacaron los barcos de los piratas y llevaron a Chen Zuyi y otros tres piratas de regreso a China, donde fueron ejecutados en el año 1407. La gente de Sumatra, particularmente, estaba agradecida. Ese encuentro abrió canales de navegación al sur de Indonesia y sus alrededores.

En 1407 el emperador Yongle continuó sus viajes de tesoros. La mayoría de las veces las relaciones eran cordiales. Sin embargo, en su segunda expedición a Java, algunos embajadores chinos fueron asesinados. La gente del oeste de Java se sintió insultada porque los chinos primero rindieron honores a sus enemigos en el este de Java, y se desquitaron con los visitantes chinos. Los dos estaban enfrentados por una guerra civil que no había sido resuelta por completo. Después que la guerra civil terminó, el rey del oeste de Java envió emisarios a China en una gira de disculpas, y las relaciones fueron restablecidas.

En su tercer viaje en 1409, los chinos visitaron muchas de las islas que habían visto anteriormente, pero también recorrieron Ceilán (Sri Lanka) y puertos al sur de la India. Ceilán y su gobernante, el rey Alagakkonara, tenían una reputación por amenazar a regímenes insulares vecinos más pequeños que tenían relaciones diplomáticas con China. Como era de esperar, Alagakkonara atacó la flota china. Zheng respondió con el desembarco de tropas en la ciudad capital de Kotte y logró capturarla. Luego secuestraron al rey y lo llevaron de vuelta a China. El emperador Yongle decidió liberarlo. El evento fue registrado por el cronista Yang Rong, quien llamó a la gente de Ceilán "gusanos insignificantes", y escribió "el emperador de agosto les perdonó sus vidas, y ellos se inclinaron humildemente, haciendo sonidos crudos, y elogiando la virtud divina del gobernante Ming".

El emperador Yongle liberó al rey de Ceilán, no para mostrar su magnanimidad, sino que su poder e influencia. En el año 1411 hizo destituir al rey Alagakkonara y puso a un rey pro-chino en el trono.

En el cuarto viaje, que tuvo lugar entre los años 1413 y 1415, Zheng He y sus hombres se entrometieron en los asuntos de la isla de Sumatra. Destituyeron a un hombre que había usurpado el tono de Sumatra y lo transportó de vuelta a China, donde fue ejecutado. Después de eso, Sumatra rindió generosos anuales tributos a China en agradecimiento.

Durante el cuarto viaje, existen registros, respaldados por evidencia arqueológica, de que los viajes de tesoros chinos llegaron tan lejos como el estrecho de Ormuz en el golfo Pérsico.

En el año 1419 el quinto viaje de tesoros zarpó al golfo de Adén en Yemen cerca del mar Rojo. Los tributos que los chinos recibieron después de sus viajes incluían animales exóticos como leopardos, rinocerontes, camellos, cebras e incluso avestruces.

En el sexto viaje en 1421, la flota China zarpó con emisarios de Adén y Siam (Tailandia). Lo más probable es que hayan visto una pequeña porción del notable Gran Canal antes de llegar a la corte imperial en Beijing. El emperador Yongle llamó a la flota de los tesoros para proteger Beijing, ya que las hostilidades se estaban intensificando entre la China Ming y los mongoles.

El emperador Yongle murió en el año 1424. Tras su muerte, China progresivamente comenzó a retirarse del escenario mundial y se volvió cada vez más aislado.

La Crisis de Tumu

Después de haber perdido su poder en China, los mongoles estaban resentidos. Esto continuó generando odio y violencia.

En el año 1449 las cosas llegaron a un punto crítico. El bisnieto y descendiente del emperador Yongle, el emperador Zhengtong, quien llegó al poder en 1435, fue capturado por rebeldes mongoles en una batalla en las afueras de la fortaleza Tumu, que colindaba con territorios mongoles. Aunque usualmente los emperadores no lideraban a sus tropas en la batalla, su asesor eunuco, Weng Zhen, lo animó a hacerlo. Fue un desastre.

Esen Taishi, el líder de los mongoles, planeó obtener un considerable rescate por la liberación del emperador y algunos acuerdos rentables en términos comerciales. Los funcionarios Ming se negaron a pagar el rescate o negociar, y, por lo tanto, los esfuerzos de Esen fracasaron. Esen antagonizó a sus fuerzas con aquel fracaso, y fue asesinado en represalia. Los mongoles retuvieron al emperador Zhengtong por un año, y durante ese tiempo el emperador Zhengtong abdicó en favor de su hermano menor, quien se convirtió en el emperador Jingtai. Más allá de que no obtuvieron acuerdos comerciales o un rescate, los mongoles igualmente obtuvieron buenos dividendos, habiendo robado muchas armas y equipamiento de los guerreros chinos muertos.

Cuando los mongoles liberaron a Zhengtong, los funcionarios chinos inmediatamente lo pusieron bajo arresto domiciliario, y permaneció en esa condición por casi siete años. En el año 1457, Zhengtong derrocó al emperador Jingtai y asumió una vez más el rol de emperador, ahora llamándose emperador Tianshun.

Volver a tomar el trono imperial no fue algo fácil para el emperador Tianshun. Debido a que las fuerzas imperiales bajo el general Cao Qin no lograron evitar el secuestro del emperador, Cao temía que él mismo fuera ejecutado. Después de todo, las fuerzas no chinas de Cao eran mongoles quienes eran leales a los Ming. Aunque aquellos mongoles estaban alineados con los Ming, su etnia por sí sola los hacía parecer culpables.

Debido al incidente, Lu Gao de la casa imperial fue enviado a investigar el rol de Cao Qin. Cao no podía permitir que eso ocurriera, por lo que decapitó a Lu Gao y desmembró su cuerpo. Luego llevó la cabeza cortada de Lu al gran secretario del régimen, Li Xian, y le mintió, diciendo que había sido el propio Lu Gao quien estaba planeando la rebelión. Li Xian no le creyó, por lo que Cao robó algo de papel de la oficina de Li Xian y escribió un mensaje al emperador, afirmando que Cao era inocente. Nadie permitió que esa nota llegara al emperador. Todos creían sin lugar a dudas que se trataba de un subterfugio. Cao sentía que le quedaba solo una opción: derrocar al emperador Tianshun en un golpe de estado.

Rebelión de Cao Qin

En el año 1461, Cao y sus hombres entraron en la Ciudad Prohibida, atacaron la Puerta de Dongan, y las puertas de Chang'an del este y oeste. Incendiaron ambas puertas de Chang'an y se apresuraron a ingresar. El general Sun Tang de la guardia imperial y sus soldados irrumpieron. Las fuerzas de Cao mataron a dos de ellos y huyeron fuera de los muros hacia la Puerta Dongan. Los soldados imperiales mataron a algunos de los hombres de Cao, incluyendo a su hermano. Luego él y sus hombres se retiraron e intentaron escapar por la puerta del muro exterior. Muchos de sus hombres escaparon hacia la ciudad.

Como un niño asustado, Cao corrió a su propia casa y levantó objetos y muros defensivos improvisados. Una vez que irrumpieron las tropas imperiales bajo Sun Tang, Cao se arrojó a un profundo pozo dentro de su propiedad y murió. Los guerreros recuperaron el cuerpo, lo desmembraron, y lo exhibieron públicamente en Beijing.

Finalmente, los hombres de Cao fueron rodeados. Algunos parecían haber sido coaccionados a participar en la rebelión o fueron engañados para creer que era otra cosa. Estos hombres fueron liberados o recibieron sentencias menores, mientras que otros fueron condenados a muerte. A partir de ese momento, a todos los mongoles que servían en el ejército se les asignó cargos administrativos en otros lugares, o definitivamente fueron forzados a retirarse. Luego se inició un programa para reubicar a los mongoles que vivían dentro del imperio. Muchos fueron enviados a lugares remotos con condiciones climáticas incómodas.

De la Exploración al Aislamiento

En el año 1479, el Ministro de Guerra quemó los registros escritos de los viajes de tesoros de Zheng He. Otras regulaciones surgieron de la administración, que restringían los tamaños de los barcos que eran construidos, y especificaban las funciones militares de aquellas embarcaciones. Las naves permanecieron en los puertos hasta que se pudrieron por la falta de uso.

Esto parecía algo radical de hacer. Después de todo, los enormes y bien armados barcos chinos disminuyeron los incidentes de piratería, especialmente en el Pacífico sur. Zheng He y sus marinos habían aniquilado buques piratas y disuadieron a otros de asaltar las ciudades de naciones insulares indefensas. Sin embargo, todo esto cambió, cuando China comenzó a retirarse del escenario mundial.

Después de los viajes de tesoros del emperador Yongle, hubo una gran repercusión en China en contra del auge en el comercio internacional y las misiones de buena voluntad a países vecinos. Por años, los historiadores y comentaristas políticos han debatido acerca de las posibles causas de eso.

Una teoría tiene que ver con la rivalidad entre clases sociales. Los nobles y élites en los círculos más altos de la administración eran sobreprotectores de su influencia. El aumento en el comercio era una amenaza para ellos porque traía riqueza e importancia a la creciente clase mercantil. En lugar de permitir el libre comercio, el gobierno monopolizó el comercio exterior. Como resultado, la clase mercantil se opuso al control gubernamental. Cedieron algo de poder porque el transporte marítimo y el mercantilismo tenían una relación casi simbiótica. En el siglo 15, China tenía 3.500 barcos, ¡más que los de la Armada de los Estados Unidos en la actualidad!

El costo de los viajes de tesoros de Zheng He entre los años 1407 y 1433 fue otra posible razón del cese de los viajes regulares. Eran costosos y requerían muchos fondos del tesoro nacional para suministrar y mantener los barcos. Algunos afirman que no eran del todo rentables, y que los ingresos netos eran insignificantes.

Adicionalmente, había una lucha interna causada por las rebeliones relacionadas a los mongoles. La marina china era inútil en aquellos conflictos, ya que ocurrían dentro del país mismo. También existía competencia entre funcionarios de la corte y los eunucos cercanos al emperador. Los eunucos preferían el comercio internacional, pero las razones de esa preferencia son vagas. Algunos historiadores indican que el emperador les daba a los eunucos una oportunidad para desviar ganancias hacia ellos mismos.

Los gobernantes Ming a menudo eran llamados xenófobos, pero se retractaron de algunas de las prácticas culturales "extranjeras" que existían durante la antigua dinastía Yuan. El primer emperador, el emperador Hongwu, obligaba a las mujeres musulmanas a casarse con hombres chinos han para volverse sinizadas. Hizo que se construyeran más mezquitas y permitió que se practicara el islam.

Generalmente, las personas chinas no han que llegaron a China durante la anterior dinastía Yuan eran animadas a asimilarse en la cultura de los chinos han, la cual era, y sigue siendo, el grupo étnico más grande dentro de la población china. Con el tiempo, el aislamiento de los Ming necesariamente resultó en la integración de no chinos en China.

Contacto Europeo

Los portugueses eran reconocidos por ser comerciantes, y habían hecho contacto con casi todos los países importantes en Oriente y Occidente. En el año 1517, un barco mercante visitó la ciudad de Guangzhou, y el rey Manuel I de Portugal envió una delegación a la corte del emperador Zhengde, quien gobernó entre los años 1505 y 1521.

Malaca, en Indonesia, lugar visitado por Zheng He durante los viajes de tesoros, envió a sus embajadores para ver al posterior emperador Jiajing. Los indonesios estaban celosos de los portugueses, ¡y comenzaron a esparcir rumores de que los portugueses secuestraban niños chinos y se los comían! A través del miedo, la marina Ming se negó a permitir que los portugueses desembarcaran en Tuen Mun (cerca de Hong Kong) en 1521, y lo hicieron nuevamente en 1522.

El Incidente de Ningbo

En el año 1523, Japón envió un barco al puerto de Ningbo portando regalos y productos para el emperador chino y su pueblo. Habían hecho contacto con el emperador Zhengde antes de eso, pero ya había muerto cuando llegó la delegación japonesa. Japón hacía esos viajes de homenaje una vez cada diez años, pero eran muy rentables para los chinos, por lo que el emperador Jiajing estuvo de acuerdo con recibirlos.

Sin embargo, estalló una masiva trifulca que rápidamente llegó a la violencia. Pareciera que llegaron dos delegaciones japonesas: la delegación Hosokawa y la delegación Ouchi. Cuando el clan Hosokawa fue recibido antes que los ouchi, ellos sacaron sus espadas. El líder de la delegación Hosokawa fue asesinado, y su barco fue incendiado en el puerto. Luego los guerreros japoneses desembarcaron, arrasaron Ningbo y saquearon aleatoriamente. Incluso requisaron un barco chino, secuestraron al líder de una guarnición en Ningbo, y se hicieron a la mar con él. Fueron perseguidos por una flota de barcos Ming, pero los ouchi lograron derrotarlos.

Solo siguieron dos delegaciones comerciales japonesas: una en el año 1540 y otra en 1549. El emperador Jiajing estaba en el trono en ese momento, y era una persona muy aislada. Su preferencia por la privacidad se extendió a su régimen, y suspendió el comercio chino-japonés. China ya había estado siguiendo una política de aislamiento, pero esta solo aumentó bajo el emperador Jiajing.

El problema se volvió más crítico cuando mercantes chinos comenzaron a establecer comercio ilegal en algunas de las islas más remotas del Pacífico sur. Esto cesó cuando algunos de estos comerciantes se endeudaron, creando vergonzosos incidentes que involucraron a China y a Japón.

Los Asaltos Wokou

Wokou significa "piratas enanos" en español. Era un término ofensivo usado por los chinos para referirse a los japoneses. Los wokou (piratas japoneses) continuaron efectuando comercio ilegal con comerciantes chinos como lo habían hecho durante el régimen del emperador Jiajing. Debido a que este comercio exterior estaba prohibido por la dinastía Ming, muchos mercantes chinos y japoneses trasladaron sus bases de operaciones a las islas frente a las costas de China y Japón.

Xu Hai fue uno de los más notables comerciantes-piratas, y operaba desde Malaca, la cual era una de las islas indonesias exploradas por Zheng He. Wang Zhi fue otro pirata chino que era lo suficientemente audaz como para trabajar desde la isla de Kyushu, ubicada frente a la costa del sur de Japón.

En el año 1547 los portugueses participaron en la piratería cuando saquearon Zhangzhou. Un general llamado Zhu Wan fue luego designado como Superintendente de Asuntos Militares, y era su responsabilidad acabar con la piratería y el comercio ilegal fuera del territorio. En 1549, su comandante, Lu Tang, capturó a dos juncos chinos que operaban ilegalmente en las aguas al frente de Zoumaxi. Zhu Wan se encargó personalmente de ejecutar a 96 contrabandistas chinos. El emperador Jiajing estaba furioso, ya que Zhu Wan había actuado por sí mismo en lugar de seguir el protocolo, y ordenó su arresto. Sin embargo, Zhu Wan se suicidó en lugar de ser capturado.

El imperio pasó por una sucesión de comandantes y funcionarios de menor rango a cargo de erradicar las actividades piratas, incluyendo a Zhang Jing, Hu Zongxian, Zhou Chang, y Yang Yi. Solo lograron un éxito limitado, que resultó en crueles ejecuciones. Por ejemplo, en el año 1555, se informó que 1.900 piratas habían sido decapitados. A pesar de este impresionante número, el emperador no estaba satisfecho por las demoras en sus ataques, y como resultado, el comandante en jefe, Zhang Jing, fue decapitado.

Cuando Hu Zongxian se convirtió en comandante supremo en 1556, estaba a favor de abrir el comercio, una acción que reduciría la piratería. Envió emisarios a Japón para conseguir su cooperación. Hu Zongxian también contactó al pirata Wang Zhi, con la esperanza de reducir la violencia mediante el apaciguamiento. Wang Zhi, sin embargo, se negó.

Mientras hacía un esfuerzo para cambiar la forma en que se hacían las cosas, Hu fue burlado por un pirata bribón, Xu Hai. En el año 1556, Xu desembarcó miles de guerreros en territorio chino, quienes saquearon la ciudad de Zaolin. Los defensores de la ciudad tuvieron éxito inicialmente en expulsarlos, pero sus refuerzos no llegaron a tiempo, y China perdió la batalla.

Aunque estaba herido, Xu Hai hizo que sus asaltantes se trasladaran a la ciudad de Tongxiang y la pusieran bajo asedio. La ciudad resistió con fuerza, y el hecho de que tenían una formidable muralla defensiva la mantuvo con vida. Sin embargo, la moral estaba muy baja después de un mes.

Luego Hu Zonxian contactó a Xu Hai para hacer un acuerdo de paz con él. Como una demostración de buena voluntad, el pirata liberó a 200 prisioneros chinos. El emperador y el pirata llegaron a un acuerdo, y los piratas se retiraron. Luego Hu convenció a Xu Hai de cambiarse de bando y luego hizo que el propio Xu eliminara a algunos de los piratas japoneses.

A medida que Xu continuaba eliminando piratas, el caos estalló. Otros piratas habían llegado y luchaban por confiscar el botín de los demás. La marina china descendió sobre los piratas y los aniquiló, con la excepción del pirata Chen Dong, quien fue capturado. Chen Dong fue llevado a Jiaxing, donde fue ejecutado.

Mientras tanto, el emperador Jiajing le notificó al comandante Hu de que ninguna rendición sería aceptada. En cambio, prefería no tomar prisioneros, y también deseaba mantener su política aislacionista. No tenía deseo alguno de negociar con piratas o con las personas no chinas, y no quería abrir ningún tipo de comercio exterior.

Entonces Hu Zongxian se dio cuenta que tenía que cambiar su postura acerca de llegar a acuerdos comerciales con los piratas. Hu Zongxian decidió engañar a otro pirata importante, Wang Zhi, para que pensara que tenía un acuerdo de paz. Cuando Wang Zhi llegó, fue encarcelado y ejecutado.

Luego los seguidores de Wang Zhi se organizaron, se trasladaron al sur hacia Fujian, y continuaron con las incursiones. Una gran base insular fue creada en el archipiélago de Kinmen, pero había muchos menos piratas de los que había habido.

El general Qi Jiguang quedó a cargo después de Hu Zongxian. Desarrolló una nueva formación militar e incluso escribió acerca de ella en el *Nuevo Tratado sobre Eficiencia Militar*. La estrategia de Qi era extremadamente efectiva y totalmente inesperada para los asaltantes, y debido a sus esfuerzos, y los de Hu antes que él, la piratería dejó de considerarse como una amenaza importante.

El Terremoto de Shaanxi

En el año 1556, el terremoto más mortífero registrado afectó a la provincia de Shaanxi en el centro de China. Reverberó en las provincias vecinas de Henan, Hebei, Hunan, Shandong, Jiangsu y Anhui. Alrededor de 520 millas fueron destruidas por el impacto, y las estimaciones actuales indican que alcanzó 7,9 u 8 en la escala de Mercalli. Muchas personas en Shaanxi vivían en cuevas artificiales llamadas yaodongs, que habían sido excavadas en acantilados de loess. El loess es un sedimento hecho de tierra arrastrada por el viento. Tiene un muy bajo contenido de arcilla, haciéndolo inestable y propenso a desmoronarse. Debido a esto, los acantilados colapsaron cuando ocurrió el terremoto. Aproximadamente 830.000 personas murieron en el terremoto de Shaanxi. Debido a que China se había aislado, ella tuvo que soportar la carga, y la catástrofe tuvo un efecto devastador en la economía china.

Concesiones Comerciales

Después de un largo periodo de aislamiento y cese del comercio, China accedió a la sutil persuasión de los portugueses, quienes nuevamente regresaron en 1553. Ellos disiparon algunos de los rumores e intentaron reparar su reputación que había sido mancillada, y debido a sus esfuerzos, el puerto de Macao fue abierto al comercio portugués en el año 1557.

Debido a los asaltos Wokou que asolaron las islas y puertos del sur de China, las relaciones entre China y Japón estaban congeladas. Los comerciantes japoneses usaban a los portugueses como intermediarios para poder obtener seda, la cual era intercambiada por plata japonesa. España se involucró en el comercio con China después de eso y compró no solo plata y seda, sino también la porcelana fina por la cual la dinastía Ming era famosa. La porcelana se convirtió en una importante exportación hacia Europa y Japón.

La Porcelana Ming

Los artesanos Ming eran famosos por sus exquisitos artículos de porcelana, como jarrones, cuencos, urnas, tazas y quemadores de incienso. Era más translúcida que la porcelana de otros países, ya que los chinos ocupaban caolinita (una arcilla blanca) para el cuerpo del objeto y aseguraban agentes colorantes usando óxido de cobalto de minerales. Otros colores, que se usaban con menor frecuencia, eran el rojo, el amarillo y el verde. Para el siglo 16, muchas piezas eran multicolores. Los hornos de todo el país arrojaron humo al cielo e incluso crearon una nube similar a una niebla sobre de Jingdezhen, uno de los pueblos reconocidos por su comunidad artística. Hoy, la porcelana Ming es apreciada en los mercados de antigüedades.

Una Explosión Predice la Caída de la Dinastía Ming

El 30 de mayo de 1626, Beijing fue sacudida por una explosión masiva. Cuerpos desnudos cayeron del cielo, sus ropas destruidas por la explosión. Árboles desarraigados aterrizaron a millas de distancia. El cielo se volvió negro, y partes de cuerpos de personas y animales llovieron sobre el suelo en kilómetros a la redonda. Las tejas de la Ciudad Prohibida y sus residencias cercanas se convirtieron en proyectiles letales, impactando a las personas en las calles y en sus casas. Alrededor de 20.000 personas murieron.

La causa habría sido una explosión en la armería Wanggongchang, que fabricaba pólvora, armas y municiones. También era una instalación de almacenamiento de cientos de explosivos. Sin embargo, debe considerarse que nunca se ha determinado la causa exacta de la explosión. Si bien la teoría más probable dice que fue originada por la instalación, eso no explica la falta de daño alrededor de la instalación misma o el hecho de que la ropa de las personas simplemente salió volando de sus cuerpos.

Muchos creyeron que la explosión era una señal de los dioses de que desaprobaban al actual emperador Tianqi y su administración. El hecho de que el emperador también perdió a su hijo en la explosión reforzó esa opinión.

El emperador Tianqi distribuyó oro para ser usado en los esfuerzos de ayuda. Sin embargo, China ya estaba en un estado de colapso financiero. Los campesinos sufrían hambre y los soldados se amotinaban. Bandas masivas de rebeldes vagaban por las calles, sin miedo a las represalias de los soldados imperiales. El emperador Tianqi murió un año después de la explosión de Wanggongchang, y su hermano se hizo cargo, convirtiéndose en el emperador Chongzhen en el año 1627. Poco sabía él de que una nueva dinastía estaba comenzando a formarse delante de sus ojos.

¡Los Yurchen Regresan!

Los yurchen ahora eran más sofisticados y habían evolucionado a partir de sus raíces nómadas. Se habían establecido en Manchuria y ahora se llamaban manchúes. También se les conocía como los "manchúes de borlas rojas".

Mientras el último emperador Ming seguía en el trono, el estado manchú floreció. Nurhaci, quien creció en un hogar chino, fue el responsable de unir a las diversas tribus yurchen dentro de los manchúes. Era culto, pero tenía el fuego de la juventud y el idealismo. Ya en 1616, había unido a los estandartes han y las Ocho Banderas, que consistían mayoritariamente de gente manchú. Luego procedió a unir a muchas de las tribus yurchen. Había organizaciones activistas en toda china, como las Ocho Banderas, los rebeldes shun, los yurchen, y, en el año 1644, el Ejército del Estandarte Verde. Líderes surgían y caían, mientras esos grupos eliminaban a miembros inútiles y se fusionaban en unidades más cohesionadas.

Nurhaci era valiente, y se dedicó a sentar las bases para una administración verdaderamente significativa. Para mostrar su determinación, él presentó a la dinastía Ming un documento llamado las *Siete Reivindicaciones*. Esto equivalía a una declaración de guerra. Las reivindicaciones son brevemente mencionadas a continuación, con explicaciones cuando es necesario:

> 1. Los Ming asesinaron al padre y al abuelo de Nurhaci sin motivo. (El padre de Nurhaci, Taksi, y su abuelo, Giocangga, fueron asesinados por Nikan Wailan, un jurchen que trabajaba como un operativo para un general Ming).
>
> 2. Los Ming oprimieron a los jianzhou (un clan yurchen), y favorecieron a otros dos clanes, los Hada y los Yehe.
>
> 3. Los Ming violaron el acuerdo hecho con Nurhaci en el pasado. (Los Ming acordaron tener fronteras marcadas entre los territorios Ming y las tierras colonizadas por las tribus, pero los Ming ignoraron el acuerdo. Los Ming también le dieron a Nurhaci el poder de regular las actividades y el comercio yurchen, pero luego lo socavaron).
>
> 4. Los Ming enviaron fuerzas para proteger al clan Yehe en sus conflictos con los jianzhou. (Los Ming habían acordado *no* interferir con las obligaciones de Nurhaci. Era responsabilidad de Nurhaci proteger a los yehe).

5. Los Ming apoyaron a los yehe y los animaron a romper su promesa con Nurhaci. (Los Ming se encargaron de que la prometida de Nurhaci se casara con el líder de los yehe en lugar de con Nurhaci, como habían acordado).

6. Las fuerzas Ming prohibieron a Nurhaci cosechar cultivos de las tierras que poseía en tres provincias.

7. El oficial de la guarnición de Ming, Shang Bozhi, recibió rienda suelta y abusó de su posición.

En el año 1644, el Ejército del Estandarte Verde, una organización paramilitar, fue creada. Consistía principalmente de soldados han. Todos estaban obligados a adoptar la cola, que era un peinado manchú, en el cual un hombre se afeita la parte superior de su cabeza, y trenza el cabello en la parte posterior de la cabeza en una cola. A quienes seguían a Confucio esto no les gustó, ya que como se decía en los escritos de Confucio: "el cuerpo y el cabello de una persona, que son regalos de los padres, no deben ser dañados". A pesar de que los chinos han eran reacios a ello, lo hicieron porque el castigo por no hacerlo era la muerte.

Los esfuerzos de Nurhaci se expandieron a la península de Liaodong, donde se encuentra Beijing. Necesitaba tantos seguidores como pudiera conseguir de esa región. Atrajo a muchos mongoles, quienes habían sido suprimidos por la dinastía Ming. Muchos soldados Ming, quienes deploraban las prácticas despiadadas de su propia administración, desertaron y se unieron a las Ocho Banderas. Los yurchen, quienes fueron absorbidos dentro de esta unión, nunca fueron mencionados como "yurchen" en los registros militares. Esto se debía a que el nombre "yurchen" evocaba la imagen de un nómada salvaje inmundo.

Nurhaci murió en el año 1626 y fue sucedido por su octavo hijo, Hong Taiji. Hong Taiji continuó las cosas desde el punto en el que su padre las había dejado, preparándose para un asalto armado de la dinastía Ming. Uno de sus primeros logros fue el desarrollo de un cañón, que fue diseñado según el estilo europeo. Usó metalúrgicos

Ming para construirlo y entrenó a combatientes para que se convirtieran en artilleros consumados. También se fabricaron armas de pólvora y mosquetes.

Hong Taiji también planeó tener una administración organizada, por lo que tendría funcionarios en los lugares que fueran necesarios. Era similar a la forma de gobierno Ming. Además, al igual que los Ming, la nueva dinastía usaría protocolos tradicionales para ganar la confianza de la gente.

La Caída de la Dinastía Ming

El emperador Chongzhen era ingenuo y tremendamente incompetente. La estructura del país y del gobierno eran, para entonces, solo fantasmas de lo que alguna vez fueron. No sabía cómo manejar las *Siete Reivindicaciones* de Nurhaci, y sabía que no podía mantener intacta a la dinastía Ming. Debido a que las rebeliones y varios grupos militares estaban fuera de control, el emperador Chongzhen se desesperó. En el año 1644, se dirigió a su jardín imperial y se colgó de un árbol. Su nota de suicidio decía: "me muero, incapaz de enfrentar a mis antepasados en el inframundo, abatido y avergonzado".

Capítulo 8 – El Ascenso de los Qing, 1636–1912

Hong Taiji murió en el año 1643 antes de que los Qing pudieran unir por completo a China. Después de su muerte, el hijo de cinco años de Hong fue visto como el próximo sucesor, y un grupo de hombres declaró que tenía el Mandato del Cielo. Se convirtió en el emperador Shunzhi, pero el medio hermano de Hong Taiji, Dorgon, mantenía gran parte del poder, ya que era el regente.

Su objetivo era la conformidad entre la gente, por lo que, en 1645, aprobó un edicto que el peinado de cola era obligatorio para todos los hombres. Para él, era un signo de lealtad, y Dorgon tenía una necesidad compulsiva por la uniformidad. Hubo ejecuciones masivas a causa del incumplimiento de la obligación de la cola. Incluso algunos chinos han nativos las llevaron a cabo, pero fueron hechas bajo las órdenes de Dorgon.

En el año 1650, Dorgon murió en una expedición de caza. Muchos lo odiaban tanto que desenterraron su cuerpo y lo mutilaron para que pagara por sus "crímenes". En 1662, después de la muerte de Dorgon, Shunzhi tomó el control. Estaba muy al tanto de la hostilidad engendrada por sus predecesores, y quería que hubiera una administración más amable y gentil. Hizo intentos para descubrir la corrupción, aunque ya llevaba mucho tiempo arraigada.

Para dirigirse a los diversos grupos étnicos dentro de la dinastía Qing, los asesores de Shunzhi hicieron que la gente usara términos para referirse al emperador que coincidieran con sus prácticas históricas. Por ejemplo, en el Tíbet se lo llamaba "Gong Ma"; en Mongolia, se lo llamaba "Bogda Kan"; en las regiones manchú, se lo llamaba "Huangdi", lo que significa "emperador", o "Kan", si la gente lo prefería.

La Revuelta de los Tres Feudatarios

En el año 1655, había tres feudos establecidos en China: las provincias conjuntas de Yunnan y Guizhou, Fujian y Guangdong.

El comandante militar Wu Sangui fue puesto a cargo de las provincias conjuntas del suroeste de Yunnan y Guizhou. También fue designado para servir como enlace con el Dalai Lama, quien vivía en la región.

En la provincia de Fujian, en la costa este, el gobernante era Geng Jingzhong. Geng era tiránico y, sin que el emperador lo supiera, estableció la práctica de extorsionar a su propio pueblo con dinero. Su hijo lo reemplazó en 1682 cuando Geng murió. Lamentablemente, era muy parecido a su padre, por lo que las cosas cambiaron muy poco.

Shang Zhixin estaba a cargo de la provincia de Guangdong después de que su padre, Shang Kexi, dimitiera en el año 1673. Al igual que Geng, los dos eran autocráticos.

El emperador Kangxi se dio cuenta de que al combinar esas dos provincias, eran capaces de gastar la mitad del tesoro de la nación. Para llamar su atención hacia el hecho de que podían estar siendo monitoreados, el emperador Kangxi redujo sus poderes y los observó cuidadosamente. Los tres generales, aunque eran bastante capaces, eran muy testarudos y arrogantes.

En 1667, Wu Sangui solicitó retirarse. En 1673, tanto Geng Jingzhong y Shang Kexi siguieron su ejemplo. Esto era una curiosa coincidencia. Se estaba gestando una conspiración, pero el emperador Kangxi no sospechaba nada.

Guerra Civil

En el año 1673, Wu Sangui declaró una nueva dinastía propia, la dinastía Zhou, cuyo nombre proviene de la dinastía Zhou preimerial. Su llamado fue para la restauración del gobierno Ming, e incitó a los chinos han a unirse prometiendo derogar la orden de usar el peinado de cola. Poco después de esta declaración, Wu Sangui atacó y capturó Sichuan y Hunan en el centro de China.

Al año siguiente, Geng Jingzhong se apoderó de Fujian, y Shang Kexi, junto a su hijo, Shang Zhixin, anexaron Guangdong. Luego, Sun Yanling, Wang Fuchen y Zheng Jing, quienes también eran poderosos generales, se unieron a la revuelta y confiscaron las tierras de Guangxi, Shaanxi, Tungning, Yunnan y Zhejiang.

Las fuerzas Qing eran leales al emperador Kangxi y eran guerreros duros. El Ejército han del Estandarte Verde, junto con diversas fuerzas manchúes y mongoles, comenzaron a disipar a los rebeldes en el año 1676. Wang Fuchen se rindió en las regiones del noroeste. En 1678, Wu Sangui asesinó a su rival, Sun Yanling, y él mismo también murió en ese año. Su nieto, Wu Shifan, se hizo cargo, pero finalmente se retiró y luego se suicidó. Sichuan y Shaanxi fueron recuperadas por las tropas Qing, junto con Guangxi. Shang Zhixin sobrevivió al conflicto en Guangdong, pero fue obligado a suicidarse en el año 1680. Los guerreros de Zheng Jing fueron obligados a replegarse y se retiraron a Taiwán. Zheng murió, y su hijo se rindió en su nombre en 1683.

Debido a que estaba tan extendida, la rebelión fue muy costosa. Durante el gobierno del emperador Kangxi, hizo concesiones a los grandes terratenientes y también limitó su capacidad para adquirir más tierras. Para financiar el ejército, aprobó un impuesto a la nobleza sobre los hogares de la élite. Como resultado, el dinero en lugar de los privilegios se convirtió en el medio por el cual cualquiera podía adquirir tierras.

A pesar de todo, el emperador Kangxi había logrado algo que sus predecesores no habían podido. Él había unido a los chinos. Sin embargo, en el proceso, tendió a hacer que todos actuaran de manera uniforme, lo que podría haber gatillado la revuelta en primer lugar.

Un Reinado Pacífico

Kangxi fue sucedido por el emperador Yongzheng en el año 1722. Yongzheng había sido entrenado en el confucianismo y se basó en estos principios para organizar una administración jerárquica. También llenó los puestos con funcionarios chinos han y manchúes. Cuando examinó la situación financiera del país, descubrió que la recaudación de impuestos era laxa. Su predecesor había acumulado deudas debido a la prolongada revuelta, y el tesoro se estaba agotando rápidamente. El emperador Yongzheng decidió montar una campaña para hacer cumplir el pago de impuestos, y también hizo algunos favores a sus partidarios más influyentes. De manera inteligente, invirtió mucho dinero en mejoras públicas como riego, educación y la construcción de caminos públicos.

Como resultado de estas acciones, se evitó una profunda crisis financiera. En cambio, se estaba sintiendo prosperidad entre la gente. Un efecto secundario de esta época de paz y prosperidad fue el crecimiento de la población. China en ese momento no sufrió una gran pérdida de vidas debido a la guerra, y la viruela ya no era una gran amenaza para finales del siglo 17.

La Caída y el Auge del Comercio Marítimo

En el siglo 16, China inició una política de aislacionismo debido a la piratería y a conflictos que surgieron a causa de las relaciones internacionales. Aunque el comercio marítimo se había abierto hasta cierto punto, China tendía a minimizarlo. Limitaban a sus socios comerciales e incluso les restringían visitar puertos. En el año 1757, la mayoría del comercio legal era regulado por el Sistema de Cantón.

Esta política limitaba el comercio a Guangzhou (Cantón) y a algunos puertos en el sur de China. Solo comerciantes chinos autorizados podían realizar comercio exterior, incluyendo a la Compañía británica de las Indias Orientales y la Compañía Holandesa de las Indias Orientales, que comerciaban con China desde el siglo 14.

En el año 1735, el hijo del emperador Yongzheng, quien adoptó el nombre de emperador Qianlong, ascendió al trono. Continuó la política de comercio limitado con el mundo exterior. En 1793 un estadista británico llamado George Macartney le escribió acerca de la apertura de otra isla cerca de Chusan a más comercio. El emperador le dio una respuesta arrogante, refiriéndose a los europeos como "bárbaros", aunque es posible que no haya tenido la intención de ser tan ofensivo. "Hasta ahora, todas las naciones europeas, incluyendo a sus comerciantes bárbaros, han comerciado con nuestro Imperio Celestial en Cantón". El emperador luego señaló en una carta dirigida al rey de Inglaterra: "lo poseemos todo. No valoro los objetos extraños o ingeniosos, y no tengo ningún uso para las manufacturas de su país".

Al embajador holandés, Isaac Titsingh, le fue mucho mejor, porque observó meticulosamente los protocolos y la etiqueta de la corte cuando visitó al emperador Qianlong en su palacio.

La negativa de China a abrir un nuevo puesto comercial para Gran Bretaña afectó la demanda británica de té, seda y porcelana, las cuales habían aumentado exponencialmente con el tiempo. Cuando los ingleses no pudieron obtener dichos productos directamente desde China, hicieron acuerdo con los portugueses, quienes tenían un acuerdo de larga data con China para comerciar en Macao.

La Cuña de Plata

La plata, que no era extraída en China, era un bien preciado. Se usaba como moneda y podía utilizarse para comerciar con otros países. Se estima que para el año 1800, China había importado tanta plata que poseía el 30 por ciento del suministro mundial. Japón era un importante exportador de plata, aunque las fricciones políticas le impedían a China obtener plata directamente de ellos. En cambio, los comerciantes chinos recurrieron a los portugueses y holandeses, quienes actuaron como intermediarios, y por supuesto con fines de lucro. Si Japón no exportaba plata, China habría caído presa de los comerciantes de América o las colonias españolas. Los británicos y su amor por el té llevaron a Inglaterra a sacar la plata del tesoro de su país para obtener el preciado producto de China.

¡Explosión Demográfica!

Nuevos productos de América habían sido transados con China a cambio de las lujosas sedas y porcelanas por las cuales el país era famoso. Dos de los productos más famosos de América eran la papa y el maní. Aquellos productos ayudaron a alimentar a la creciente población de China. En el siglo 18, la población de la vasta nación alcanzaba las 300 millones de personas. Tan grande era la parte del país que estaba colonizada, que los números de granjas disminuyeron. Adicionalmente, la fertilización nunca fue una preocupación real en China. Para cuando el emperador Jiaqing asumió el trono en 1796, Manchuria y sus alrededores tenían la mayor cantidad de tierra cultivable.

Ocurrió un retorno a la discriminación de épocas anteriores para controlar la población y la migración a China desde otros países. Los chinos han sufrieron la mayor parte de ese prejuicio, y no se les permitía vivir en Manchuria, lo cual fue uno de los muchos ejemplos de lo que debieron soportar. Sin embargo, muchos terratenientes ignoraron esa disposición, ya que esas personas tenían las habilidades necesarias para hacer funcionar las granjas de manera eficiente.

Persecución Religiosa: La Revuelta de los Jahriyya

Hacia finales del reinado del emperador Qianlong, había conflictos y malestar entre los residentes musulmanes del país acerca de asuntos relacionados al Ramadán y las prácticas de oración. Gran parte del conflicto ocurrió en Qinghai, ubicado en el centro de China. En esa área, los gobernadores locales y los jueces de la Junta de Castigo se involucraron cuando diferentes sectas del islam comenzaron a enfrentarse entre sí. Algunos musulmanes se volvieron más vocales y se quejaron de la administración Qing, llamando a la dinastía Qing un régimen infiel. En el año 1781, dos subdivisiones de una secta musulmana llamada sufismo, la Jahhriya y la Khafiyya, estallaron en violencia. Había peleas en las calles y violencia de masas. Los Qing ordenaron ejecutar a uno de los líderes más famosos de los jahhriya, Ma Mingxin. Esto solo sirvió para acelerar la rebelión. Los Qing eligieron asistir a los khafiyya en el conflicto, y como consecuencia, los sufíes jahriyya fueron aplastados. Aquellos que estaban decididos a continuar siendo activistas religiosos fueron frecuentemente exiliados a Xinjiang, Guizhou y Yunnan para servir como esclavos en las guarniciones militares.

La Rebelión del Loto Blanco de 1794

Es posible que el nombre "Rebelión del Loto Blanco", suene familiar a algunos lectores, ya que una rebelión más temprana había ocurrido durante la dinastía Yuan. Aunque la Rebelión del Loto Blanco de 1794 sí tenía un parecido marginal con esa revuelta anterior, un grupo disidente de aquel, llamado Levantamiento de Wang Lun, adoptó ese término en ocasiones. Al igual que el movimiento del Loto Blanco del siglo 14, tenía un cierto matiz moral. Los miembros de la Sociedad del Loto Blanco prometían la salvación eterna por la lealtad a su causa, y proclamaban que adherían a valores confucianos.

Tanto el emperador Qianlong como el emperador tuvieron que lidiar con esta rebelión, ya que trascendía regímenes, y rechazaban esa idea. Ambos gobernantes buscaron aplastar la rebelión y reunieron al Ejército del Estandarte Verde.

Los funcionarios locales y la policía usaron esta rebelión como medio para extorsionar a la gente para protegerse. No hubo pruebas de que lo hicieron, pero esta práctica probablemente sucedió debido al caos que permeó a las ciudades locales. Esta revuelta duró alrededor de diez años, entre 1794 y 1804, y los guerreros Qing lograron eliminar esta rebelión. Sin embargo, hubo grupos derivados de esta rebelión, incluyendo organizaciones que apoyaban a los Ocho Trigramas, los Látigos de Tigre y los Yihequan ("bóxers").

Las Guerras del Opio

La Primera Guerra del Opio

Cuando el emperador Daoguang tomó el trono en el año 1820, se involucró en una crisis en curso. Desde finales del siglo 18, el opio se había filtrado a China. Una red de rutas marítimas ya estaba siendo usada para enviar porcelana, té y seda a Gran Bretaña, principalmente a través de terceros. En 1839, el comercio con Gran Bretaña, que tenía lugar principalmente en Cantón, consistía en porcelana, té, algodón y seda. Cuando las exportaciones de algodón disminuyeron, ocurrió un desequilibrio comercial. El opio fue visto como un reemplazo. El opio es adictivo, y la Compañía Británica de las Indias Orientales se aprovechó de eso. La sustancia era recolectada en Bengala, cerca de la India, y era comprada por los británicos, quienes luego la comerciaban con los chinos. Eventualmente muchos se volvieron adictos a la droga y la necesitaban para enfrentar la vida diaria, o de lo contrario sufrirían abstinencia. Los contrabandistas chinos la llevaron tierra adentro para distribuirla entre la población, haciendo que el problema empeorara. Los estadounidenses competían con el opio de Bengala al comprarlo en Turquía y luego ofreciendo opio con descuento en subastas indias. Luego los contrabandistas chinos la compraban, y la Compañía Británica de las Indias Orientales ayudaba haciendo acuerdos ilícitos para distribuirla tierra adentro. Alrededor de 40.000 cofres se llevaron hacia el territorio solo en el año 1839. Los compradores pagaban plata por ellos, por lo que las reservas de plata en China disminuyeron significativamente.

El emperador Daoguang había ilegalizado el uso del opio, y quería que fuera confiscado en Cantón. Cuando llegaban cargamentos de opio a Cantón, hizo que su ministro, Lin Zexu, bloqueara el puerto. Como respuesta, Gran Bretaña envió barcos de vapor armados y eliminó miles de juncos chinos que se encontraban en el cuerpo. Los barcos británicos estaban fuertemente armados, y por ello, las fuerzas Qing se rindieron. El Tratado de Nanking se firmó en 1842, y fue el primero de los "tratados desiguales" que China fue obligada a firmar. Y el término se aplicaba justamente a este tratado. Aunque los británicos debieron retirar sus tropas, los otros términos los beneficiaban más que a los chinos. Los Qing debieron pagar a los británicos por el opio confiscado por Lin Zexu, liberar a todos los prisioneros británicos, y ceder Hong Kong a los británicos. Además de Hong Kong, se abrieron otros cuatro puertos a los británicos: Xiamen, Fuzhou, Ningbo y Shanghai. La venta del opio, que fue la causa de la guerra en primer lugar, ni siquiera fue mencionada en el tratado.

Sin embargo, en China, el uso del opio continuaba siendo ilegal. Los contrabandistas chinos continuaban distribuyendo opio en las calles para ser usado en casa o en sucios fumaderos de opios en subsótanos secretos en ciudades abarrotadas. Las autoridades tenían autorización para arrestar a esas personas, pero en general no tenían éxito, principalmente porque los funcionarios locales eran sobornados.

La Segunda Guerra del Opio

Francia se quejó del estatus preferencial otorgado a Gran Bretaña por el Tratado de Nanking, e insistió que China abriera puertos para que pudieran ser usados por comerciantes franceses. En el año 1844, China cedió y firmó el tratado de Whampoa. Cinco puertos fueron abiertos para ellos, y como compensación, a China se le permitió cobrar un arancel. Los franceses también aprovecharon esa oportunidad para persuadir a China de que permitiera la presencia de misioneros católicos en el país. En 1846, el emperador Daoguang firmó un edicto que permitía a los chinos convertirse al catolicismo si así lo deseaban. A pesar de eso, un misionero francés, el padre Auguste Chapdelaine, fue arrestado por un burócrata mandarín por causar disturbios y fue finalmente ejecutado. Francia se enfureció y envió barcos llenos de fuerzas.

Al mismo tiempo, los británicos habían estado haciendo campaña por la legalización del opio en China. La oportunidad se presentó en el año 1956, cuando los chinos incautaron un barco británico, el Arrow, bajo cargos de piratería por el envío ilegal de opio dentro de China. Ye Mingchen, el funcionario chino, arrestó al capitán y a su tripulación y tomó posesión del barco, diciendo que solo lo habían hecho porque el registro había expirado.

Poco después de este incidente, los franceses se aliaron con Gran Bretaña, y atacaron Cantón. En ese punto estalló oficialmente la Segunda Guerra del Opio, aunque está claro que las tensiones se habían estado gestando por algún tiempo. En 1858, los británicos y franceses finalmente lograron capturar Cantón. También capturaron a Ye Mingchen y lo exiliaron a Calcuta, India. Los chinos atacaron a un barco de vapor de la Armada de los Estados Unidos en la desembocadura del río Peiho en Tientsin, y los estadounidenses tomaron represalias capturando fortalezas chinas en el río de las Perlas. El emperador Xianfeng estaba, en ese momento, involucrado en la Rebelión Taiping (ver más abajo, y sus recursos se estaban agotando. Fue obligado a sucumbir a las presiones occidentales y buscó la paz.

En el año 1858, los británicos y los franceses pidieron a Estados Unidos y Rusia que se les unieran en la redacción del Tratado de Tientsin, el cual fue otro de los "tratados desiguales" según los chinos. Este tratado otorgó a los países extranjeros el derecho a usar diez puertos más en China para realizar transacciones comerciales, se les permitió a todos los barcos extranjeros navegar en el río Yangtze, y a los comerciantes extranjeros se les permitió viajar dentro de China. También permitió a los misioneros cristianos difundir pacíficamente su mensaje por China y, quizás lo peor de todo, legalizó la importación de opio. Cuando se finalizó el tratado en 1860, cada año ingresaban al país entre 50.000 y 60.000 cofres.

Rusia y China tuvieron disputas fronterizas en el siglo anterior, pero en 1858, China negoció un tratado complementario, el tratado de Aigun, porque no podían permitirse iniciar otro conflicto. En virtud de ese tratado, China acordó desplazar la frontera entre China y Rusia hacia el sur para darles acceso a un puerto de "agua cálida". Esto era importante para Rusia, ya que podría enviar mercancías incluso en invierno.

La Rebelión Taiping

Zeng Guofan, un general militar, se convirtió en un héroe en la Rebelión Taiping que tuvo lugar entre 1850 y 1864. Estalló cuando un hombre delirante llamado Hong Xiuquan predicó que él era el hermano de Jesucristo. Hong seguía su propia versión del cristianismo. Llamó a su organización el Reino Celestial de Taiping. Hong no solo tenía ideales religiosos, sino también opiniones políticas muy obstinadas. Sin embargo, les dijo a sus seguidores que estaban luchando una "guerra santa". Sin embargo, el interés de Hong estaba propiciado por los intereses económicos y el poder. Esto lo llevó a dirigir las tierras al sur de China debajo del río Yangtze. A pesar del hecho de que la cristiandad no promueve la violencia, la Rebelión Taiping fue una de las más sangrientas en la historia china. Audazmente, Hong y sus tropas intentaron anexar Beijing, pero fracasaron debido a los esfuerzos de Zeng Guofan.

Cuando Hong Xiuquan murió en el año 1864, su movimiento murió con él. Sin embargo, los contemporáneos de aquella época recuerdan que él fue responsable de la muerte de entre diez y veinte millones de personas, entre soldados y civiles.

El Gran Código Legal Qing

Durante la dinastía Qing, el código legal contenía cientos de estatutos, y muchos se aplicaban durante las persecuciones religiosas. China tenía leyes que regulaban el personal gubernamental, ingresos, ritos civiles y religiosos, matrimonio, asuntos militares, homicidio e incluso construcción. Las ofensas no estaban divididas en civiles o criminales como en otros países. El confucianismo propugnaba una relación inextricable entre los negocios y la moral. Por lo tanto, no había un código civil que no tuviera un componente criminal. El castigo corporal e incluso la tortura estaban entre las penas consideradas si alguien era declarado culpable. Una confesión era siempre vista como una ofensa que ameritaba castigo. La mayoría de las personas que presentaban cargos por asuntos civiles tendían a resolver sus problemas fuera de los tribunales, por lo que la amenaza de un castigo físico severo actuaba como un importante motivador para la resolución de conflictos. Había penas muy duras para la homosexualidad, y el adulterio estaba estrictamente prohibido. Incluso para las viudas era muy difícil volver a casarse, aunque eso fuera legal dentro de la ley, ya que las mujeres no podían demostrar que no habían cometido adulterio. Muchas permanecían célibes, y algunas incluso se suicidaban, ya que no podían mantenerse a sí mismas y a sus hijos. El Gran Código Legal Qing duró hasta el derrocamiento de la dinastía Qing.

Autofortalecimiento

Zeng Guofan, como muchos de sus compatriotas chinos, había sido humillado por las derrotas ante las potencias occidentales durante las guerras del Opio. El opio no era el problema; el problema era el hecho de que China no tenía suficiente fuerza militar como para imponer respeto y hacer demandada otros países en crisis internacionales.

En el año 1860, los británicos y los franceses se habían abierto camino hacia Beijing, y China tenía poco control sobre las desenfrenadas libertades que estas potencias extranjeras se estaban tomando. Incluso los cristianos, quienes habían recibido el derecho de hacer proselitismo en 1846, estaban evadiendo obligaciones tributarias que habían acordado cumplir. Si bien el tratado de Tientsin estaba siendo finalizado en 1860, los británicos y los franceses estaban obligando a China a aceptar cada vez más concesiones al atacar los palacios de verano del emperador. Zeng Guofan trabajó con el conocido estadista chino Li Hongzhang para fabricar armas más poderosas y poner a China al mismo nivel militar que los países occidentales.

Li fue crucial en los intentos para mejorar China, estableciendo la Compañía de Navegación a Vapor de Comerciantes de China en 1872, las minas de carbón en Kaiping en 1877, una red de telégrafos en 1879 y dos fábricas que elaboraban algodón en 1890.

Muchos de los chinos más conservadores y estudiosos preferían regresar al pasado y secretamente deseaban que Occidente "se marchara". Los esfuerzos de Li y Zheng fueron heroicos, ya que tenían que convencer a las autoridades chinas de que el país debía ser nacionalizado. China necesitaba estar unida como un país y evitar los conflictos entre facciones, ya que solo servirían para debilitar al país desde dentro.

El Fenómeno de la Emigración

La población de China había aumentado sustancialmente a finales del siglo 19, y el agotamiento de recursos era extremo. El infanticidio femenino iba en aumento, ya que había pocas oportunidades para que las mujeres pudieran obtener sus propios salarios. Ni siquiera los hombres jóvenes podían encontrar trabajos rentables en China, y muchos emigraron a otros países. Fueron a Australia, Estados Unidos, Malasia, Malaca, Borneo, las islas del Pacífico sur y los países del sudeste asiático. En algunos países budistas, como Tailandia y Vietnam, los chinos se casaron con los locales y prácticamente desaparecieron como una cultura distinta. En países musulmanes como Java, o en países cristianos como Filipinas, vivían en comunidades separadas.

Desafortunadamente, muchos de estos emigrantes eran contratados por inescrupulosos empleadores extranjeros y trabajaban por salarios muy bajos. Fueron llamados "kulis", de la palabra china *kuli*, que significa "trabajador amargado". Eran básicamente sirvientes contratados que no ganaban lo suficiente como para avanzar en sus vidas de ninguna manera. En el oeste de Estados Unidos, muchos fueron contratados por compañías ferroviarias y recibieron muy malos tratos.

Preámbulo de la Guerra

En el año 1876, Corea y Japón firmaron un tratado, abriendo el comercio entre los dos países. Huang Zunxian, el embajador chino en Corea, recomendó a Corea mantener relaciones amistosas con Japón. Él sentía que Japón podía contrarrestar cualquier influencia indeseable de Rusia. En ese momento, Japón no era visto como una amenaza para el poder de China.

Japón también estaba interesado en mantener una relación cordial con Estados Unidos para balancear aún más cualquier posible amenaza de Rusia. Sin embargo, cuando los estadounidenses establecieron relaciones con Corea, pasaron por alto el hecho de que Corea tenía un historial de ser un estado tributario de China, condición que había comenzado en el año 1637. Los Estados Unidos sentían que Corea debía considerarse como un estado independiente. El habilidoso estatista Li Hongzhang estaba a cargo de la política entre China y Corea, y presentó un compromiso que satisfaría tanto a los Estados Unidos como a China. Por lo tanto, el tratado entre Corea y Japón fue enmendado para declarar que Corea era "un estado independiente que goza de los mismos derechos soberanos que Japón".

Li Hongzhang habló con representantes coreanos y les recomendó imitar la política de "autofortalecimiento" que China había iniciado, e introducir reformas que les ayudaría a relacionarse con otros países desde una posición de fuerza, no una fuerza abrumadora, pero al menos igual fuerza. Luego los chinos enviaron una unidad militar para entrenar a los soldados coreanos en técnicas de guerra, y les proporcionaron armas mejoradas.

Los japoneses eran ambivalentes respecto al interés de Corea de reformarse. Algunos estaban muy a favor y querían participar en ayudar a Corea a desarrollarse, pero otros preferían que los coreanos se concentraran por sí solos en esas mejoras, y por tanto ser más pasivos en el escenario mundial. Independientemente de las diferencias de opinión en Japón, el príncipe regente coreano Heungseon Daewongun se encargó de que se iniciaran los esfuerzos.

Comienza la Intromisión

Las relaciones de Corea con China y Japón fueron puestas a prueba en el año 1882 cuando un motín estalló en Corea durante una sequía. Comenzó en Imo, pero inexplicablemente se extendió a la legación japonesa en Corea. Seis japoneses fueron asesinados, y estallaron disturbios en toda la ciudad.

Luego, Japón desplegó cuatro buques de guerra en Corea y China envió 4.500 soldados. Ambos países ahora competían por el control de los asuntos coreanos. Como resultado del incidente de Imo, Corea otorgó compensaciones y castigó a los principales autores de la rebelión, que tuvo como resultado la muerte de representantes japoneses. Cuando los coreanos culparon a Heungseon Daewongun por los disturbios, los chinos interfirieron trasladándolo a China, donde fue confinado.

Corea se convirtió en un premio a ganar o en un peón para usar. China quería que las reformas coreanas avanzaran gradualmente, mientras que Japón quería que hicieran mejoras rápidas.

Los japoneses despacharon una flota a los puertos coreanos de Pusan y Chempulpo, pero le aseguraron a Li Hongzhang que no tenían intención de atacar. Indicaron que simplemente querían equilibrar las fuerzas chinas que ya estaban en el país.

El rey GoJong de Corea insistió en que los japoneses debían retirarse. Sin embargo, Japón se negó rotundamente.

La Primera Guerra Sino-Japonesa

En 1894, Japón y China alcanzaron un momento decisivo en lo relacionado a la naturaleza de sus relaciones con Corea. El emperador Meiji de Japón decía "Corea es un estado independiente. Fue introducida a la familia de naciones mediante el consejo y la guía de Japón. Sin embargo, ha sido costumbre de China designar a Corea como su dependencia". El emperador Guangxu de China respondió:

"Corea ha sido nuestro tributario por los últimos doscientos años. Nos ha dado tributo todo este tiempo, lo que es algo conocido por todo el mundo. Durante los últimos doce años, Corea se ha visto afectada por repetidas insurrecciones y nosotros, en solidaridad con nuestro pequeño tributario, le hemos enviado ayuda repetidamente".

La primera guerra sino-japonesa fue muy corta, durando un poco más de ocho meses. A pesar de que habían revitalizado su ejército, China no estaba preparada. En julio, los barcos japoneses Naniwa, Akitsushima y Yoshino capturaron y hundieron al Kowshing, un barco de transporte británico subcontratado por China para trasladar miembros del Ejército del Estandarte Verde y del Ejército de las Ocho Banderas hacia Asan, Corea.

Los japoneses superaban enormemente a los chinos en números, y en la batalla de Seonghwan, derrotaron a los chinos, colocándolos a cincuenta millas de Seúl. La mayor parte de los chinos instalaron sus defensas en el norte de corea, previendo que los japoneses atacarían allí.

Más chinos estaban estacionados en el norte de Corea que en la batalla anterior cerca de Asan. La mayoría custodiaba la ciudad capital de Pyongyang. Los japoneses dividieron sus fuerzas en tres divisiones. Dos atacaron a los chinos en esquinas diagonales opuestas de las murallas de la ciudad, y la tercera división atacó por la retaguardia. Después de que los japoneses ganaron esta batalla, los chinos se retiraron del norte y se replegaron hacia la desembocadura del río Yalu, que desemboca en el mar Amarillo, cerca de la frontera entre China y Corea.

En la batalla del río Yalu, que tuvo lugar en el año 1894, las formaciones frontales de la armada japonesa demostraron ser superiores a las de los chinos. Aunque los japoneses cometieron varios errores tácticos, los chinos utilizaron una ineficaz formación de cuña, invitando a los ataques laterales. Al final de esta batalla de un día, la flota de Beiyang de China se retiró.

Luego, las tropas chinas se trasladaron a defender su propio territorio en Manchuria cuando vieron que los japoneses se dirigían hacia sus costas. Sin embargo, los japoneses pudieron capturar el puesto avanzado chino de Hushan antes de trasladarse por tierra para capturar seis ciudades en Manchuria.

En Port Arthur, los japoneses informaron que vieron que se estaba exhibiendo la cabeza decapitada de un soldado japonés. Tomaron represalias con una masacre indiscriminada de miles de soldados y civiles chinos. Un testigo ocular japonés informó: "a cualquiera que viéramos en la ciudad, lo matábamos. Las calles estaban llenas de cuerpos... La sangre fluía y el olor era horrible". Las estimaciones del número de personas asesinadas difieren enormemente. Algunos informaron que 1.000 fueron asesinados, mientras que otros medios reportaron que hasta 60.000 fueron masacrados. Algunos han conjeturado que el mayor número fue exagerado por los periodistas por razones políticas.

En la ciudad de Weihaiwei en el noreste de China, los soldados chinos se mantuvieron detrás de las murallas cuando los japoneses asediaron la ciudad. Los chinos abandonaron el fuerte en el frío enero de 1895, y la batalla se desplazó hacia el río Amarillo. Después de ganar la batalla de Weihaiwei, los japoneses se apoderaron de la península de Liaodong, que limita con el noroeste de Corea.

Las fuerzas terrestres de ambas partes estaban en Manchuria y sus alrededores, y los japoneses ocuparon seis ciudades allí. Luego se dirigieron hacia la capital manchú, Mukden. Los japoneses capturaron la ciudad de Haicheng en la península de Liaodong. Los chinos hicieron cuatro intentos para recuperar la ciudad, pero fracasaron en todos ellos. Dado que estaban ansiosos por terminar la guerra, los japoneses decidieron que querían tomar Mukden o Beijing, ya que la pérdida de cualquiera de ellas debilitaría enormemente a las fuerzas chinas.

Luego los japoneses sorprendieron a China y a los observadores internacionales cuando capturaron las islas Pescadores en el estrecho de Taiwán. Los japoneses querían el control de las Pescadores porque sería la clave para apoderarse de Taiwán. Aquellas islas podrían haber sido usadas por los japoneses para impedir la llegada de refuerzos chinos a Taiwán, así como para abrir las puertas para ganar Taiwán en un posterior tratado.

Su estrategia funcionó.

El Tratado de Shimonoseki

En virtud del Tratado de Shimonoseki, que fue firmado en abril del año 1895, Japón y China reconocieron la independencia de Corea. Japón recibió a Taiwán, las islas Pescadores y la península de Liaodong "a perpetuidad". A los japoneses también se les permitió comerciar en el río Yangtze.

El imperio Qing fue humillado. Debió pagar 13.600 toneladas de plata en indemnizaciones de guerra, y los habitantes chinos en Corea fueron obligados a irse. Los colonos chinos en Taiwán y los taiwaneses lucharon en una rebelión estilo guerrilla contra los japoneses. Muchos fueron masacrados. Las mujeres fueron violadas, y los campesinos fueron expulsados de sus tierras a menos que aceptaran quedarse como arrendatarios.

Demasiado Poco, Demasiado Tarde

En el año 1898, un brillante político y filósofo, Kang Youwei, obtuvo una audiencia con el emperador Guangxu. Tenía mucha visión de futuro y trató de alentar a china a reformar su antiguo enfoque del gobierno. Incluso la emperatriz viuda Cixi, quien efectivamente gobernó China entre los años 1861 y 1908, se mostró interesada en sus propuestas. Algunas de ellas fueron:

> 1. Eliminación de los exámenes del servicio civil, que solo sirvieron para separar a los postulantes en élites y plebeyos
>
> 2. Educación en artes liberales occidentales
>
> 3. Educación de la familia imperial en el extranjero
>
> 4. Establecimiento de una monarquía constitucional

5. Introducción de algunos elementos del capitalismo para motivar a las personas a trabajar más duro

6. Industrialización

7. Reestructuración del ejército

8. Construcción de un sistema ferroviario

Estas propuestas fueron parte de la Reforma de los Cien Días, un movimiento promovido por el emperador Guangxu a seguidores con ideas similares. Sin embargo, demasiadas personas, incluida la emperatriz viuda Cixi, fueron consumidas por sueños del pasado lejano y tuvieron dificultades para aceptar esas proposiciones.

La Rebelión Bóxer

Envuelto en la nostalgia de los días en que China era un país aislacionista, un grupo de jóvenes bienintencionados, pero ingenuos, entrenados en las artes marciales sintieron que los extranjeros y los misioneros debían ser expulsados, todos ellos. Entonces, en el año 1899 comenzaron a asesinar extranjeros y misioneros al azar en Beijing y Tientsin.

La emperatriz viuda Cixi se puso del lado de los bóxers. Ella reclamó: "los extranjeros habían sido agresivos con nosotros, violaron nuestra integridad territorial y pisotearon a nuestra gente bajo sus pies". Los bóxers pusieron a las legaciones y misiones extranjeras en Beijing y Tientsin bajo asedio. Sin embargo, 20.000 soldados de otras naciones pronto marcharon en Tientsin y Beijing, levantaron el asedio e incluso saquearon las ciudades. La emperatriz viuda y el emperador, quienes se escondían en la ciudad prohibida, huyeron.

Se solicitó a Li Hongzhang que negociara, pero poco podía hacer. Él le había advertido a China acerca de la necesidad de modernizarse, pero China había sido demasiado lenta para responder a su llamado a la acción. A modo de reparaciones, China tuvo que pagar 450 millones de onzas de plata; afortunadamente, Li logró que sus oponentes estuvieran de acuerdo con un plan de pagos.

Comienzo del Fin

Cuando la emperatriz viuda Cixi superó los setenta años, anunció que Puyi, el nieto del emperador, asumiría el trono después del emperador Guangxu. Cuando la corte escuchó eso, llevaron a Puyi, de dos años, a ver a la emperatriz. Este fue un evento traumático para él, y una vez escribió acerca de la reunión, señalando: "recuerdo que súbitamente me encontré rodeado de extraños, mientras que frente a mí colgaba una cortina gris a través de la cual podía ver un rostro demacrado y aterradoramente horrible. Ella era Cixi".

El emperador Guangxu murió en 1908 "en circunstancias misteriosas". Solo tenía 37 años. Un día después, la emperatriz viuda Cixi murió. Muchos creen que Cixi, sabiendo que el final estaba cerca, envenenó al emperador. En el año 2008 se realizó una prueba en el cuerpo del emperador Guangxu, que encontró que sus restos contenían una cantidad de arsénico 2.000 veces superior a la normal en el cuerpo de una persona. Esto lleva a los historiadores a especular que Cixi asesinó al emperador para que no pudiera seguir avanzando en sus reformas progresistas.

Ahora, el trono de la dinastía Qin, que nunca pudo realmente salir del caparazón de sus fantasías aislacionistas, estaba en manos de un niño, un niño aterrado por el rostro de una anciana. Y mientras su padre, el príncipe Chun, se convertiría en regente del niño, Puyi crecería sabiendo nada más aparte del hecho de que era el emperador de China.

Capítulo 9 – Locura Revolucionaria

Levantamiento de Wuchang

Hacia finales de la dinastía Qing, algunas de las reformas administrativas y nacionales recientemente propuestas estaban en marcha. Una de ellas era la reorganización del ejército chino, el cual en ese momento era llamado el Ejército de Beiyang. Fue movilizado para suprimir las violentas resistencias del propuesto sistema ferroviario. En el año 1910, la dinastía Qing hizo arreglos con una compañía financiera occidental para iniciar el proyecto. Sin embargo, los conservadores acérrimos como los bóxers rechazaron a esos "capitalistas". El hombre a cargo del proyecto, Sheng Xuanhui, nacionalizó el proyecto. Se llevaron a cabo manifestaciones y huelgas masivas, principalmente en Chengdu.

Esta fase del levantamiento fue impulsada por grupos revolucionarios clandestinos como Tongmenghui, que estaba conformado por varias facciones, incluida la Sociedad para la Regeneración de China. La Sociedad Literaria Furen y la Asociación progresista los apoyaron. Tongmenghui era financiado por la acaudalada familia Sun, que poseía miles de acres en Hawai.

Sun Yat-sen, quien promovió en gran medida la causa de Tongmenghui, creía en una filosofía revolucionaria y recaudó dinero de muchos países para patrocinar algunos de los levantamientos en China. Cuando sus intenciones se hicieron conocidas, fue esencialmente exiliado, y vivió en varios países, incluyendo los Estados Unidos, Canadá, Gran Bretaña y Japón. Cuando se enteró acerca del levantamiento de Wuchang de 1911, Sun regresó a China.

Estos grupos estaban en el proceso de fabricar artefactos explosivos para ser usados en una revolución a gran escala. Cuando un supervisor llamado Sun Wu resultó herido mientras se ensamblaban los explosivos, se corrió la voz sobre estas facciones rebeldes. Tres de ellos fueron ejecutados, pero 5.000 disidentes escaparon de las autoridades Qing.

Casi un tercio de los desertores Qing eran miembros del ejército, y pronto se amotinaron. En el año 1911, los traidores del ejército atacaron la guarnición en Huguang, y en el proceso, secuestraron al virrey Qing local.

El comandante rebelde, Xiong Bingkun, reunió a todas las fuerzas revolucionarias que pudo y se preparó para atacar a las fuerzas Qing con 100.000 hombres. Los revolucionarios altamente motivados, compuestos por células revolucionarias y exsoldados militares, conquistaron Wuchang.

Los miembros leales del Ejército de Beiyang bajo el mando de Yuan Shikai fueron llamados a reprimir la rebelión. En la batalla de Yangxia, que tuvo lugar entre octubre y comienzos de diciembre, estallaron enfrentamientos en las ciudades de Hankou y Hanyang a lo largo del río Yangtze. Sin embargo, los revolucionarios tenían armas inferiores y perdieron la batalla en Hankou. Luego, el Ejército de Beiyang decidió quemar la ciudad. En Hanyang, hubo enfrentamientos en las calles, incluso en las casas. El ejército Qing tomó posesión de la fábrica de municiones y destruyó la artillería rebelde. Allí murieron hasta 30.000 revolucionarios. A pesar de esos reveses, muchas otras provincias desertaron, incluyendo a Sichuan, Nanjing y Shaanxi. Además, toda la armada Qing desertó.

La Revolución Xinhai de 1911

El levantamiento de Wuchang gatilló lo que se conoce como la revolución Xinhai. Sun Yat-sen, quien se convertiría en el líder de la revolución, aún estaba en los Estados Unidos recaudando fondos cuando este caótico desencadenamiento ocurrió. No tuvo conocimiento de esta revuelta hasta meses después, tras lo cual fue a Inglaterra y contactó a otros países occidentales para asegurar su neutralidad y recibir financiamiento para una nueva república. Después de este intento, que resultó infructuoso. Sun Yat-sen regresó a China, llegando a finales de diciembre de 1911. Sin embargo, cuando Sun Yat-sen estaba en el extranjero, la revolución Xinhai estaba buscando a un líder. La gente confió el papel a Li Yuanhong, un comandante militar.

Por lo tanto, esta revolución fue verdaderamente "local". Muchas provincias disidentes organizaron sus propios ataques:

La Restauración de Changsha, 22 de octubre

El Alzamiento de Shaanxi, 22 de octubre

El Alzamiento de Jiujiang, 23 de octubre

La Revuelta de Shanxi Taiyuan, 29 de octubre

El Alzamiento del "Doble Nueve" en Kunming, 30 de octubre, llamado así porque ocurrió en el noveno día del noveno mes en el antiguo calendario chino

El Levantamiento de Nanchang, 31 de octubre

El Levantamiento Armado de Shanghai, 3 de noviembre

El Alzamiento de Guizhou, 4 de noviembre

El Alzamiento de Zhejiang, 4 de noviembre

La Restauración de Jiangsu, 5 de noviembre

El Alzamiento de Anhui, 5 de noviembre

El Alzamiento de Guangxi, 7 de noviembre

La Independencia de Guangdong, 9 de noviembre

La Independencia de Fujian, 11 de noviembre

La Independencia de Shandong, 13 de noviembre

El Levantamiento de Ningxia, 17 de noviembre

La Independencia de Sichuan, 21 de noviembre

El Levantamiento de Nanjing, 3 de diciembre

Hubo dos regiones que se desviaron de este patrón revolucionario: el Tíbet y Mongolia. Su estado se mantuvo en suspenso hasta que se restableció el orden.

Los Qing Desesperados

Los rebeldes, quienes en su mayoría eran del ejército, se apoderaron de Beijing. En un arranque de desesperación, la dinastía Qing propuso una monarquía constitucional con el general Yuan Shikai como nuevo primer ministro. La madre adoptiva del niño emperador, la emperatriz viuda Longyu, propuso que el emperador y su familia asumieran solo un rol ceremonial.

Sin embargo, cuando Sun Yat-sen regresó a China a fines de diciembre del año 1911, fue nombrado inmediatamente como presidente provisional del gobierno recién gobierno, que fue establecido en Nanjing.

Luego Yuan y Sun negociaron una solución. Yuan Shikai sería el primer presidente de la República de China, y el emperador Qing, Puyi, abdicaría oficialmente con el entendimiento de que la familia imperial podría seguir viviendo en la Ciudad Prohibida.

Capítulo 10 – De la República de China a la República Popular China

Los días de las dinastías habían terminado, el general Yuan Shikai fue investido como presidente provisional de la República de China en marzo de 1912. Él y sus confidentes se trasladaron a Beijing, y el nuevo gobierno recibió reconocimiento internacional.

Enredos Financieros

Tras el lanzamiento de la nueva administración, China estaba en una crisis financiera debido a los gastos de las numerosas revueltas. Yuan Shikai consiguió varios préstamos de partes extranjeras. Aunque las inversiones eran riesgosas, las instituciones financieras extranjeras otorgaron préstamos a china. Sin embargo, para protegerse del riesgo financiero, los inversionistas cobraron tasas de interés extremadamente altas. La cantidad prestada alcanzó las 21 millones de toneladas de plata. En tres años, el gobierno registró un déficit anual de dos millones de libras de plata.

Administración

En marzo, se redactó un proyecto de constitución, y se hicieron esfuerzos para que el público pudiera votar. Solo el 10 por ciento de la población masculina tenía permitido votar. Quienes estuvieran en bancarrota o fueran fumadores de opio adictos fueron excluidos, junto con las mujeres.

Sun Yat-sen, el líder original de los revolucionarios, organizó su propio partido político llamado el Kuomintang (KMT) después de la revolución de Xinhai de 1911. Otro partido fue creado en el año 1912, el Partido Republicano, al cual Yuan Shikai pertenecía. Este partido era un poco más conservador por naturaleza comparado al KMT. En diciembre de 1912, se llevaron a cabo elecciones, y Song Jiaoren fue crucial en asegurar victorias para su partido, el Kuomintang. Se pensó ampliamente que Song se convertiría en el siguiente primer ministro. Sin embargo, la tragedia golpeó.

En marzo de 1913, mientras Song viajaba a la estación de trenes para informar a Beijing, un hombre se le acercó y le disparó. Song murió dos días después. Una comisión investigó el asesinato, pero uno por uno, los presuntos involucrados fueron asesinados. Debido a la falta de evidencia, Yuan Shikai, quien probablemente orquestó el asesinato, nunca recibió ningún tipo de cargo.

Se piensa que Yuan lo hizo por la popularidad de Song y del KMT. Para asegurar el apoyo de aquellos en el Parlamento, Yuan los sobornaba regularmente. Quienes rechazaban los sobornos eran despedidos. También tenía el apoyo de quienes aún eran leales en el Ejército de Beiyang.

Segunda Revolución

En el verano de 1913, siete provincias del sur se rebelaron porque sintieron que Yuan Shikai era responsable por el asesinato de Song Jiaoren, y porque sentían que obtuvo su cargo por manipulación política más que por méritos. Además, a los ejércitos aún no se les pagaba. Miembros del Kuomintang de Sun Yat-sen participaron, pero fueron derrotados por el ejército superior de Yuan comandado por el general Zhang Xun. Luego Yuan disolvió el parlamento y nombró a su propio gabinete, lo que lo convirtió en presidente con poderes dictatoriales. Su vicepresidente fue Li Yuanhong.

Esta no era la visión de Sun Yat-sen para una nueva China. Sun intentó reconstruir la oposición contra Yuan y formó el Partido Revolucionario de China. Para este momento, el Partido Republicano se había fusionado, junto con otros partidos con pensamientos similares, para formar el Partido Progresista. Aunque apoyaron a Yuan en la Segunda Revolución, no estuvieron de acuerdo con su acción para disolver el KMT. Ellos, como el Partido Revolucionario, querían remover a Yuan del poder.

Primera Guerra Mundial

En el año 1914, estalló la Primera Guerra Mundial. Desde el comienzo China declaró su neutralidad. Sin embargo, había consternación acerca del hecho de que una colonia alemana había sido establecida en la provincia de Shandong en 1897. Japón quería a los alemanes fuera de allí, y los japoneses usaron esto como cuña para involucrar a China en la guerra. Yuan también estaba a favor de expulsar a los alemanes, y a pesar de la neutralidad declarada de China, Yuan Shikai acordó poner a 50.000 bajo control británico, a cambio de que expulsaran a los alemanes en Shandong. Gran Bretaña rechazó esa propuesta.

Sabiendo que China no tenía una fuerza militar propia fuerte, Japón simplemente anexó Shandong y expulsó a los alemanes. Luego Japón envió a China las Veintiuna exigencias en el año 1915, lo que incluía otorgarle a Japón el control económico sobre los ferrocarriles en el norte, y otorgarle oficinas a largo plazo en Shandong, Manchuria y Fujian. Yuan aceptó esas demandas con algunas modificaciones. La población china estaba furiosa.

Después de eso, los chinos se unieron al bando aliado y principalmente escoltaron transportes de tropas y barcos de suministros para los Aliados en el Mediterráneo.

Para controlar a la oposición pública de su aceptación de las Veintiuna exigencias, Yuan obligó a periodistas y escritores para que lo apoyaran en sus editoriales y artículos.

Sin embargo, en 1916, se proclamó como emperador Hongxian y quiso restablecer la monarquía. Las provincias estallaron en disturbios y rebeliones. Su gobernador Cal E y Tang Yiyao, el gobernador de la influyente provincia de Yunnan, crearon la Guerra Nacional de Protección. Muchos distritos se declararon independientes del emperador. El Ejército de Beiyang fue enviado para sofocar las rebeliones, pero carecía de motivación, ya que no se les había pagado por bastante tiempo.

Yuan Shikai no esperaba esa reacción, y su reinado como emperador solo duró 83 días, tras lo cual gobernó como presidente. Cuando murió de una enfermedad en el riñón en el año 1916, el vicepresidente Li Yuanhong tomó el control del gobierno.

Los Señores de la Guerra y un "Golpe"

Li Yuanhong y el Parlamento gobernaron en un vacío. Prácticamente tenían muy poco control sobre todo el país. En 1916, los pequeños líderes de las diversas provincias asumieron el control de sus propios "mini-reinos". Sin embargo, no tenían partidos políticos que los apoyaran.

En el año 1917, el mariscal de campo de Li Yuanhong, Zhang Xun, se levantó y anunció una medida absurda: ¡la reinstalación del antiguo emperador, Puyi! Él ahora tenía once años. El 1 de julio, Puyi se estableció en Beijing con una corte y sus manejadores; sin embargo, solo gobernó por once días. Poco después de esto, los señores de la guerra enemistados se apoderaron de la ciudad. Algunos eran hombres inteligentes, mientras que otros solo eran bandidos glorificados. Tres de los más fuertes señores de la guerra fueron Zhang Zuilin, Wu Peifu y Feng Yuxiang. La lealtad significaba muy poco para la mayoría de ellos. Feng, por ejemplo, luchó una vez bajo las órdenes de Yu Peifu y luego se separó de él para formar su propio grupo. Hubo constantes saqueos de granjas y comercios, junto con matanzas indiscriminadas. A pesar de que los señores de la guerra solo supervisaban áreas locales, el caos que provocaron amenazó con continuar por los próximos años.

Uno de los grupos de señores de la guerra más inquietantes era el Ejército de Beiyang, que estaba formado por seguidores leales de la dinastía Qing. Una vez que la dinastía colapsó, los Beiyang continuaron siendo una amenaza porque tenían experiencia y estaban bien organizados.

Al final de la Primera Guerra Mundial, de acuerdo al Tratado de Versalles, a Japón se le permitió mantener las concesiones que tenía en esas regiones, lo que para los chinos fue algo insólito. Sun Yat-sen colaboró con las provincias del sur y resucitó el Kuomintang en el año 1917. Sirvió como un "presidente" e intentó nuevamente conseguir fondos y el apoyo de los países occidentales. Ese intento fracasó, por lo que Sun buscó el apoyo de los soviéticos para los esfuerzos de reunificación. Mikhail Borodin, un agente de la Comintern (Internacional Comunista), una organización que promovía el comunismo mundial, se reunió con Sun Yat-sen en 1923. Juntos, crearon el Primer Frente Unido.

El Primer Frente Unido fue una alianza entre el Kuomintang (KMT) y el Partido Comunista de China (CPC). El CPC fue fundado en el año 1921 y su popularidad creció rápidamente. Chiang Kai-shek, el lugarteniente de Sun en el Kuomintang, y Sun Yat-sen no querían crear un estado comunista. Mientras Chiang Kai-shek había estudiado el sistema soviético y admiraba sus aspectos organizacionales, estaba en desacuerdo con los principios comunistas que promovía. La visión de Sun Yat-sen era desarrollar una China reunificada de acuerdo a tres fases: 1) reunión de China por la fuerza, 2) educación basada en la política en el nuevo gobierno, y 3) introducción de la democracia.

En el año 1925, Sun murió, y Chiang Kai-shek tomó las riendas. Creó un brazo militar para apoyar al Kuomintang, el Ejército Nacional Revolucionario.

La Década de Nanjing

En 1926, Chiang Kai-shek lanzó la Expedición del Norte. Su propósito era eliminar las amenazas de las amenazas del ejército rival de Beiyang y a señores de la guerra como Zhang Zuolin, Wu Peifu y Feng Yuxiang. Bajo su liderazgo, el ejército eliminó a los señores de la guerra y logró controlar la mitad de China.

En 1927, Chiang Kai-shek tomó control de Nanjing del señor de la guerra local, Sun Chuanfang. Surgió un problema cuando Chiang descubrió que una facción tremendamente comunista liderada por Wang Jingwei se estableció en la provincia de Wuhan. Ese gobierno, que seguía órdenes del enlace soviético Mikhail Borodin, intentó inútilmente despojar a Chiang de sus poderes. Wang se reunió con Chiang en Shanghai para discutir un acuerdo para compartir el poder. Wang indicó que él lo consideraría y regresó a Wuhan. Sin embargo, el gobierno en Wuhan rechazó el compromiso y se preparó para ir a Shanghai, donde Chiang Kai-shek se ubicaba en ese momento.

En abril de 1927, el Ejército Nacional Revolucionario llegó a Shanghai. Shanghai tenía una enorme mayoría comunista, y Chiang estaba decidido a eliminar la influencia soviética de China. Chiang y sus hombres atravesaron la ciudad, arrestaron y ejecutaron a miembros conocidos del Partido Comunista, y purgaron al gobierno de ellos. Hasta 12.000 personas fueron asesinadas. Este evento es conocido como la masacre de Shanghai. Sin embargo, Chiang no se detuvo allí. Inició una masacre a gran escala por toda China, conocida como el Terror Blanco. Más de 300.000 personas fueron asesinadas, y las calles se llenaron de sangre. Los comunistas que permanecían en China se trasladaron principalmente a distritos rurales donde el Kuomintang no estaba presente.

Luego, Chiang trabajó para convencer a los líderes provinciales de que renunciaran a sus gobiernos locales independientes y los entregaran a un gobierno central. Después de enterarse de la crueldad de las fuerzas de Chiang, las personas tuvieron miedo y accedieron.

Aunque no se logró la unificación completa, el país estaba dividido en cinco áreas: Nanjing, Guangxi, el Guominjun, otro sector controlado por Yan Xishan y el estado semiautónomo de Manchuria liderado por Zhang Xueliang.

Chiang Kai-shek luego trasladó el gobierno del Kuomintang de Beijing a Nanjing y lo mantuvo allí por diez años, por lo cual todo esto fue llamado la "década de Nanjing".

Modernización

Se llevaron a cabo esfuerzos diplomáticos para construir relaciones con el resto del mundo, y estos continuaron después de la década de Nanjing. Se establecieron reformas bancarias, e instalaciones de salud pública fueron mejoradas y creadas. El sistema legal y penal fue actualizado a los estándares ejercidos por otros países. Además de estos esfuerzos, se aprobó y se hizo cumplir la legislación en contra del uso y distribución de los narcóticos, y se aumentó la fabricación de maquinaria agrícola.

Mientras algunos caracterizan a Chiang Kai-shek como un capitalista, él rechazaba al capitalismo casi tanto como al comunismo. Criticaba severamente a los "imperialistas", prohibiéndoles tener cualquier cargo gubernamental y obligándolos a donar grandes porciones de su dinero al país, especialmente para la modernización.

Después de todo, los países vecinos se habían modernizado, especialmente Japón. De hecho, China firmó un acuerdo comercial con Japón para construir y administrar el Ferrocarril del Sur de Manchuria. Fue un acuerdo próspero para ambos países. Sin embargo, en septiembre de 1931 ocurrió una explosión en el ferrocarril. Soldados japoneses que protegían la vía férrea en Mukden culparon a los chinos de haberla causado. Corrieron hacia una guarnición china cercana y la atacaron. Las hostilidades se aceleraron, y una batalla estalló en el año 1931. Este evento fue denominado el Incidente de Mukden. Esto llevó a la invasión de Manchuria y el establecimiento de un estado títere en ese lugar.

El Incidente de Mukden de 1931

Chiang Kai-shek se alarmó con el conflicto y recurrió a la Sociedad de las Naciones, un organismo internacional que fue pensado para mediar en este tipo de crisis y detener guerras pendientes. La Sociedad estuvo de acuerdo con China y le pidió a Japón devolver Manchuria. Japón no estuvo de acuerdo con esta decisión y se retiró de la Sociedad.

En ese momento, Chiang se encontraba en el centro-norte de China en la ciudad de Xi'an con su Ejército Nacional Revolucionario, y estaban en el proceso de expulsar a los comunistas. Chiang Kai-shek se reunió con dos de sus generales, Yang Hucheng y Zhang Xueliang. Ambos hombres querían que Chiang cesara sus hostilidades contra los comunistas chinos y arrestaron al gran Chiang Kai-shek. Este fue un escandaloso acto de traición.

La Señora de Chiang Kai-shek Intercede

La esposa de Chiang, Soong May-ling, era políticamente astuta y a menudo asesoraba a su esposo acerca de asuntos chinos. Después de enterarse del secuestro de Chiang en Xi'an, ella le aconsejó que cambiara su enfoque obsesivo por la eliminación del Partido Comunista de China y que dirigiera su atención a la muy seria amenaza japonesa. Durante las negociaciones con sus captores, ella le aconsejó a Chiang que aceptara sus términos, que incluían el cese de las hostilidades con los comunistas chinos, y a unir a las tropas comunistas con el Ejército Nacional Revolucionario para expulsar a Japón de Manchuria y China. Una vez que estuvo de acuerdo con esos términos, Chiang fue liberado, y se unió al líder comunista, Zhuo Enlai.

En el año 1937, ocurrió el incidente del puente Marco Polo. Los japoneses, a quienes se les había perdido un soldado después de un ejercicio de entrenamiento, exigieron ingresar a una guarnición china para buscarlo. Cuando los chinos se negaron, los japoneses intentaron entrar por la fuerza, y las tensiones escalaron hasta que el conflicto estalló. Muchos consideran esto como el inicio de la segunda guerra sino-japonesa, e incluso algunos la consideran como la fecha del comienzo de la Segunda Guerra Mundial.

La Segunda Guerra Sino-Japonesa

Debido a que Japón había ayudado a China a mejorar su base industrial, estaba muy al tanto de que China estaba por detrás de otros países en términos de modernización. Esto hizo a China muy vulnerable. Japón ansiaba los recursos y las oportunidades que China tenía, para así expandir su propia esfera de influencia en la región del Pacífico. El Incidente de Mukden les había dado una oportunidad de oro, ya que los japoneses podían usar Manchuria como una base para apoderarse de China.

Esta era una unión frágil, pero igualmente era necesaria porque Japón era su enemigo mutuo y una gran amenaza a China. Esta unión de las fuerzas comunistas y nacionalistas fue conocida como el Segundo Frente Unido.

La Batalla de Shanghai, 13 de Agosto-26 de Noviembre, 1937

Esta fue la primera batalla importante de la segunda guerra sino-japonesa. Al comienzo, las fuerzas de Chiang llevaron a cabo una guerra aérea con Japón sobre la ciudad. Sin embargo, la aeronave Mitsubishi A5M de Japón era muy superior a los biplanos Curtiss F11C de China, y los derribaban del cielo. Esto finalmente se convirtió en una guerra terrestre en la ciudad. Las fuerzas terrestres chinas de 70.000 soldados superaban ampliamente a los 6300 infantes de marina japoneses, por los que sus perspectivas de victoria parecían buenas. Poco después, Japón envió hasta 100.000 soldados de sus fuerzas imperiales. Como resultado, el ejército chino fue obligado a retirarse, dejando a Shanghai en manos de los japoneses.

La Captura de Nanjing (Nanking), 1-13 de Diciembre, 1937

En el año 1937, los japoneses capturaron Nanjing. Mientras se encontraban allí, no solo asesinaron soldados, sino también civiles chinos. Este evento, conocido como la masacre de Nanking, tuvo entre 40.000 y 300.000 muertos. Las fuentes difieren ampliamente acerca del número real, ya que las personas debaten sobre la frontera geográfica de la masacre, así como su duración. Algunos japoneses afirman que solo algunos cientos murieron, y una pequeña minoría cree que la masacre nunca ocurrió. Además del asesinato de inocentes, ocurrieron saqueos y violaciones generalizadas. Los civiles escaparon por miles a zonas seguras, y China esencialmente perdió el control de la ciudad de Nanjing.

La Batalla de Taierzhuang, 24 de Marzo-7 de Abril

El ejército japonés tenía una tendencia a tomar los asuntos en sus propias manos, y a menudo evitaba recibir autorización del gobierno japonés para continuar la guerra. Por lo que marcharon hacia Jiangsu. La resistencia china era fuerte, y en abril de 1938, los chinos enfrentaron a los japoneses en Taierzhuang, que se encontraba en el Gran Canal. Para sorpresa de las testarudas tropas japonesas, estas fueron derrotadas, haciendo de esta batalla la primera gran victoria china de la guerra.

Los japoneses respondieron atacando y capturando Kaifeng, la capital de la provincia de Henan, y también amenazaron con tomar Zhengzhou. Chiang Kai-shek y sus hombres conocían bien el área y sabían sobre su tendencia a inundarse. Para detener la embestida japonesa, los chinos destruyeron algunos de los diques en el río Amarillo. El agua alcanzó a las tropas japonesas, y los soldados japoneses murieron por miles. La muerte y su insípido olor estaba por todas partes.

Japón pidió negociaciones para detener el derramamiento de sangre, pero Chiang Kai-shek demoró las cosas. Los japoneses luego lanzaron ataques en Suixian-Zaoyang, Changsha, y Guangxi del Sur. Los mensajes que circulaban por la línea de comunicación japonesa se demoraban debido a la inmensa cantidad de territorio que Japón intentaba controlar simultáneamente. Por lo tanto, perdieron cada batalla.

Los Estados Unidos se oponían a esta invasión a gran escala de China, por lo que comenzaron a enviar suministros y dinero a China para apoyar el esfuerzo de guerra. Con el ataque japonés en Pearl Harbor en diciembre de 1941, la segunda guerra sino-japonesa rápidamente se fusionó en otro conflicto de la Segunda Guerra Mundial, abriendo el Frente del Pacífico de la guerra.

China en la Segunda Guerra Mundial

Los Estados Unidos declararon la guerra contra Japón tras el ataque a su base naval, y China pronto se les unió. En la batalla de Changsha, que comenzó el 24 de diciembre de 1941, los chinos asistieron a las fuerzas británicas en Hong Kong. Los japoneses se defendieron del ejército chino e ingresaron a Changsha. Sin embargo, no se habían preparado para las siguientes acciones de China, ya que las fuerzas chinas ubicadas afuera de la ciudad rodearon completamente a los japoneses en Changsha. Después de sufrir fuertes bajas, los japoneses se retiraron el 15 de enero.

En el año 1942, en Birmania, los británicos estaban rodeados por los japoneses en el pueblo de Yenangyuang, pero fueron rescatados por el gran 38º Cuerpo del ejército chino. Los japoneses se abalanzaron sobre las provincias de Zhejiang y Jiangxi, pero fueron expulsados por el ejército chino. En Birmania, Chiang Kai-shek trabajó junto al teniente Joseph Stillwell de Los Estados Unidos para romper un bloqueo japonés. Chiang y Stillwell tenían desacuerdos en lo táctico, y Chiang sospechaba que Stillwell quería usar a los chinos para ayudar a proteger a los territorios británicos en vez de traer fuerzas aliadas a China para expulsar a los japoneses. Estados Unidos decidió reemplazar a Stillwell con el general Albert Coady Wedemeyer, quien estaba más dispuesto a cooperar.

En 1944, tropas chinas llegaron desde India, y junto con otras de la provincia de Yunnan, atacaron a los japoneses en Birmania, liberando una ruta crítica de suministros hacia China. En el año 1945, los chinos recuperaron exitosamente Hunan y Guangxi. Los soviéticos, quienes estaban en el bando aliado, invadieron a los japoneses en Manchuria y la liberaron, devolviéndola a los chinos. El general Wedemeyer y los chinos planearon recuperar la provincia de Guangdong y prepararon sus fuerzas para hacerlo. Sin embargo, los bombardeos de Nagasaki e Hiroshima pusieron fin repentinamente a la guerra.

Las tropas japonesas se rindieron formalmente ante Chiang Kai-shek el 9 de septiembre de 1945, a las 9 de la mañana. Esto ocurrió en el noveno día, en el noveno mes, a la novena hora. 9-9-9 era algo significativo para los chinos, ya que el número nueve significaba "duradero". Al final de la guerra, China fue considerada una gran potencia.

Las Consecuencias Mortales

Las estimaciones de los chinos asesinados o heridos en la segunda guerra sino-japonesa y en la Segunda Guerra mundial son impresionantes. Entre quince y veinte millones de muertos, y quince millones de heridos. Hubo aproximadamente 95 millones de refugiados, muchos de los cuales eran de la provincia de Guangdong, ya que no había ningún otro lugar en el que los habitantes pudieran reasentarse debido a la devastación generalizada. Se gastaron alrededor de 383 millones de dólares en el esfuerzo de guerra.

Las Dos Chinas

El Segundo Frente Unido de China, que había luchado contra Japón, era una unión precaria entre los nacionalistas de Chiang Kai-shek y el Partido Comunista chino. Había un acuerdo tácito de que estos dos grupos políticos opuestos suspenderían sus diferencias durante el transcurso de las dos guerras, pero apenas terminó la Segunda Guerra Mundial, las tensiones entre los dos surgieron nuevamente.

Chiang Kai-shek siempre había tenido enérgicas objeciones a la inclusión del comunismo en China, pero quería algún tipo de paz después de que la lucha terminara. Entonces, contactó a Mao Zedong, el presidente del Partido Comunista chino, ya que deseaba llegar a un compromiso. Chiang Kai-shek, Mao Zedong y el embajador estadounidense Patrick Hurley se reunieron. Sin embargo, tan pronto como sostuvieron la primera conferencia privada, estallaron los conflictos entre los comunistas y los nacionalistas. Ambos abandonaron las negociaciones.

Estados Unidos decidió enviar a George Marshall en diciembre de 1945 para convencer a ambos grupos de que regresaran a la mesa de negociaciones. Acordaron reorganizar el gobierno, convocar a una asamblea nacional, adoptar una constitución, y hacer reformas en las áreas de economía y la estructura de las fuerzas militares.

Finalmente, resultó que la reunión fue meramente teórica, pero no práctica. En Manchuria, donde los japoneses aún se estaban retirando después de la guerra, hubo una lucha por el poder. Las tropas nacionalistas se apresuraron hacia Mukden, y los soldados comunistas solidificaron posiciones en el norte de Manchuria. La lucha se extendió a Hebei, Jiangsu, Shantung y Chengde. Después de que las tropas nacionalistas tomaron el control de la ciudad de Kalgan, los nacionalistas organizaron la primera reunión de una asamblea nacional, sin notificar a Zhou Enlai. Luego, la asamblea procedió a redactar una constitución, sin la participación del partido comunista chino. Zhou estaba enfurecido, y George Marshall condenó a los nacionalistas por hacer esta tontería y abandonó China.

Uno de los ministros de Chiang Kai-shek, el general Zhang Zhizhong, contactó a los comunistas y expresó su voluntad de reanudar las conversaciones. Volvió a señalar las condiciones discutidas al inicio de las negociaciones, pero los comunistas ya no estaban interesados.

Los comunistas luego tomaron el control del ferrocarril en Mukden que conducía a China central. Mao anunció: "el Ejército Popular de Liberación ha llevado la pelea al área del Kuomintang. Este es un punto decisivo en la historia".

Para el año 1947, las fuerzas nacionalistas habían perdido gran parte de su fuerza militar. Concentraron sus esfuerzos en Manchuria, pero debido a su inferioridad militar, se convirtieron en una fuerza defensiva más que ofensiva. Bajo el general Lin Biao, las tropas comunistas buscaron atacar posiciones debilitadas a lo largo de las líneas nacionalistas y las golpearon. La estrategia funcionó bien, y los comunistas recuperaron el control de Manchuria en 1948. Luego se trasladaron a otras provincias, y luego recuperaron el control de Shantung, Yunnan y Zhengzhou de manos de los nacionalistas. Una a una, más provincias del norte estaban siendo controladas por los comunistas. Después de que esencialmente tomaron control del norte de China, Mao Zedong anunció que su gobierno pronto abarcaría a toda China.

Crisis Financieras

Para continuar financiando sus compromisos militares, Chiang Kai-shek simplemente imprimió más dinero. Eso inevitablemente llevó a la inflación, y el valor del dólar chino se desplomó. Las personas vieron cómo sus ahorros desaparecían, y no recibían ayuda del gobierno. Se establecieron controles de precios y salarios para frenar la inflación, pero era muy tarde para eso. Entonces, Chiang Kai-shek pidió a los Estados Unidos, Gran Bretaña, Francia y la Unión Soviética que ayudaran a resolver las diferencias entre los nacionalistas y los comunistas. Debido a estos esfuerzos conjuntos, los nacionalistas firmaron un pacto de no agresión con los comunistas. Para ayudar a aliviar los problemas financieros, la Unión Soviética otorgó a China créditos por 250 millones de dólares, y los otros países contribuyeron con 263.5 millones.

Los comunistas nuevamente enviaron su lista de exigencias al general Zhang Zhizhong, el representante de las fuerzas nacionalistas. Sus demandas incluían: 1) el castigo de los "criminales de guerra", 2) la derogación de la constitución aprobada por la asamblea encabezada por los nacionalistas, 3) la abolición de los gobiernos, 4) la reorganización del ejército, 5) una reforma agraria, 6) la abrogación de los "tratados traidores" y 7) la creación de una coalición nacional sin los nacionalistas.

Para 1949, Chiang Kai-shek y los nacionalistas habían perdido su intento de controlar China. Luego, Chiang Kai-shek renunció como presidente de la República de China. Su siguiente al mando, Li

Zongren, se hizo cargo. Chiang Kai-shek tomó 200 millones de dólares en oro y dólares estadounidenses del tesoro chino, los que según él usaba para proteger al gobierno nacionalista. Li necesitaba desesperadamente ese dinero para pagar a sus tropas y establecer el gobierno, pero Chiang se negó a liberar los fondos.

Después de cierta consternación causada por la elección propuesta para un primer ministro, Chiang finalmente estuvo de acuerdo con aceptar la propuesta presentada por Yan Xishan, un antiguo señor de la guerra. A pesar de sus precarios antecedentes, Yan tenía cierta delicadeza en asuntos diplomáticos, y se convirtió en primer ministro en junio de 1949. Li y Chiang discutieron sobre dinero, y Chiang expresó algunas de sus ideas para resolver la disputa entre Mao y los nacionalistas.

Yan le había aconsejado a Li que trasladara su gobierno a Cantón desde Nanjing, ya que los comunistas tenían un estricto control sobre las áreas que rodeaban a Nanjing. Finalmente, Li aceptó y lo trasladó. Li tuvo problemas para organizar al ejército del Kuomintang, y reunió a demasiadas fuerzas en las áreas alrededor de Cantón en lugar de en otras áreas estratégicas en el sur de China donde los comunistas no eran fuertes. Li esperaba que Estados Unidos enviaran fuerzas para ayudarlo allí, pero no lo hicieron. Chiang Kai-shek decidió liberar parte del dinero que retenía del tesoro chino, pero no fue suficiente para marcar una real diferencia. La constante interferencia de Chiang Kai-shek enfureció a Li, y comenzó a expulsar del Kuomintang a los más partidarios de Chiang.

Cuando los comunistas repentinamente conquistaron Cantón en octubre de 1949, Li fue obligado a escapar a Chongqing. Cuando llegó, Li efectivamente renunció a la presidencia y se dirigió a los Estados Unidos para practicarse un procedimiento médico. Chiang intentó establecer una defensa con las fuerzas que quedaban, pero no tuvo éxito. Luego, fue trasladado por aire junto a su esposa y familia hacia Taiwán en diciembre de 1949.

Después de que esto sucediera, Mao Zedong anunció que el nuevo gobierno de China era la República Popular China.

Sin embargo, Chiang Kai-shek reanudó su rol como presidente de la República de China en el año 1950 desde Taiwán. Por años, promovió un movimiento llamado Proyecto Gloria Nacional, el que fue un intento para recuperar a China continental de manos de los comunistas. Muchos emigrados chinos que vivían en Taiwán iniciaron varios grupos políticos, como el Partido Socialista Democrático de China, para apoyar el regreso de la República de China. Chiang Kai-shek nunca volvió a pisar su tierra natal.

La República Popular China

Mao llegó al cargo y recorrió el país como un ciclón. Se promocionó a sí mismo como un ante los trabajadores y las clases bajas. La sociedad que imaginaba era una sociedad del hombre común, hablando con una sola voz y pensando con una sola mente. Mató a muchos que consideraba capitalistas ricos, ya que su existencia e interferencia con los asuntos no le permitirían crear la sociedad que soñaba. También animó a los trabajadores a reportar a sus empleadores si eran corruptos, y distribuyó libros para niños que enseñaban a los pequeños a denunciar a sus padres, vecinos y amigos si sentían que esas personas criticaban a Mao o al gobierno. Miles fueron arrestados y enviados a campos de trabajo o fusilados.

Mao creía que los intelectuales debían entender cómo vivía el hombre común, por lo que los envió a las granjas para que fueran educados por los campesinos acerca de cómo proporcionar alimentos a todo un país. Esto se conoció como el Movimiento Hacia el Campo, que tuvo lugar entre finales de la década de 1960 e inicios de la de 1970. También se los obligó a trabajar en fábricas. Habiendo sido repentinamente trasplantados de lo que estaban acostumbrados, tuvieron dificultades para adaptarse. Los suicidios eran comunes, y los cuerpos caían de los techos en las ciudades. Incluso llegó al punto en que los peatones no caminaban por las aceras.

Ruptura Sino-Soviética

Una ruptura ocurrió entre Nikita Khrushchev y Mao Zedong por un periodo de tiempo, pero finalmente culminó en 1961. La ruptura tuvo que ver con sus interpretaciones del comunismo. Mao sentía que Khrushchev era muy flexible en la aplicación de los principios comunistas. El sistema soviético era "pesado en la parte superior", con numerosos niveles de administración. Aunque se prestó a la obediencia de un culto a la personalidad, como la fomentada por Mao, los soviéticos tenían multitud de agencias. Mao era un marxista-leninista acérrimo, y creía en la sucesión de revoluciones que conducirían a la creación de una sociedad ideal bajo el liderazgo de una persona y su visión. Él creía que Khrushchev era demasiado "revisionista" en su forma de pensar, y a menudo suavizaba o incluso modificaba su punto de vista como respuesta a un evento internacional, o se dejaba persuadir por otro país.

En otro nivel, Mao, se opuso a la intrusión de los soviéticos en la sociedad China, ya que recordaba demasiado a la estructura del estado vasallo. Mao creían que los chinos y los rusos eran dos pueblos diferentes, y creía que China debía organizar su sociedad en una forma que beneficiara a la sociedad china.

Un Gran Salto Adelante

Mao creía en una economía planificada. En 1958, creó un programa llamado el Gran Salto Adelante. Su meta era transformar China desde una sociedad agraria a una sociedad industrial y comunista. La distribución del grano y el fruto de las cosechas fueron nacionalizados, obligando a los agricultores a trabajar en comunas y en grandes fincas comercializadas. El objetivo era crear una gran cantidad de alimento mientras se reducía el trabajo humano necesario para producirlo. Las cosechas se enviaban al gobierno para ser distribuido de manera equitativa entre la gente. Se esperaban ciertas cuotas, por lo que una familia podría quedarse con muy poco si su cosecha era menos de la que esperaban. Debido a que la mecanización de las grandes granjas se quedó atrás, los agricultores a menudo no podían cumplir con sus cuotas. Los esfuerzos de distribución de alimentos no tuvieron éxito, ya que había una falta de organización, lo que llevó a que los estantes de las tiendas de comestibles estuvieran medio vacíos. Entre 1959 y 1951, hubo una gran hambruna en China, la que ocurrió por varios factores: 1) la práctica de cultivos cercanos y arado profundo redujo la producción, 2) hasta dieciocho millones de jóvenes se mudaron a las ciudades para 1962, 3) el presidente Mao se negó a aceptar ayuda internacional y dio a conocer datos incorrectos sobre la profundidad de la crisis y 4) la implementación del "Programa de las Cuatro Pestes". Este programa buscaba eliminar plagas como el gorrión molinero, que comía frutas y semillas. Sin embargo, ese gorrión también consumía insectos. Cuando la población de aves disminuyó, las langostas descendieron sobre los campos y consumieron el follaje, matando las plantaciones.

Entre 20 y 45 millones de personas murieron de hambre. Para 1962, estaba claro que el programa del Gran Salto Adelante había sido un estrepitoso fracaso.

La Revolución Cultural

En 1966, Mao instauró la Revolución Cultural. Estaba convencido de que elementos anticomunistas y el capitalismo estaban perjudicando el bienestar del hombre común o lo que era llamado el proletariado. Los elementos anticomunistas debían ser eliminados, ya sea que fuera un miembro de la burguesía o un capitalista.

La variante marxista-leninista del comunismo fomentaba una lucha de clases para librar a la sociedad de todo aquello que perjudicara al bien común. Como resultado, el capitalismo fue visto como el enemigo permanente del pueblo. Mao aisló las Cinco Categorías Negras: terratenientes, agricultores ricos, contrarrevolucionarios, malos elementos de la sociedad (es decir, aquellos que no promovían el comunismo o Mao Zedong) y derechistas. Las personas consideradas dentro de las Cinco Categorías Negras eran perseguidas, encarceladas y/o ejecutadas. Las universidades fueron cerradas, y los exámenes de la función pública fueron abolidos. Mao sentía que la educación tendía a producir capitalistas que explotaban a los trabajadores y campesinos.

Sin embargo, Mao no se suscribía completamente al marxismo-leninismo. Era un megalómano que quería que se promoviera su propia forma de comunismo. Para promover la lealtad ciega, creó un libro de frases casualmente llamado el Pequeño Libro Rojo, que fue distribuido entre la gente.

Los valores burgueses debían evitarse, ya que eran la antítesis de los aspectos socialistas del comunismo. Debido a que los jóvenes eran más enérgicos en los esfuerzos políticos, Mao los animó a reprender a sus mayores por promover cualquier ideal burgués. Los libros para niños que defendían sus ideas fueron distribuidos incluso en tiendas de alimentos para que fueran leídos por los jóvenes, e incluso recomendaban que los jóvenes delataran a sus vecinos e incluso familiares si hablaban en contra del gobierno.

Mao se preocupó de que otros en el gobierno estuvieran intentando usurparlo, y trató de de purgar al gobierno de aquellas personas. El presidente del Partido Comunista, Liu Shaoqi, se convirtió en un objetivo, y Mao lo destituyó como presidente. Otros miembros que eran comandantes militares o funcionarios de gobierno también fueron purgados. Fueron etiquetados como "contrarrevolucionarios", pero Mao sintió que simplemente se interponían en su camino hacia el poder autocrático y necesitaba encontrar una fórmula para quitárselos de encima.

Estas purgas fueron drásticas. Hubo muchas masacres, y a veces, debido a la hambruna, se produjo canibalismo. Es imposible saber cuántos murieron durante la Revolución Cultural. Las estimaciones oscilan entre cientos de miles a veinte millones de personas.

Las Visitas de Richard Nixon

Después del fracaso de la República de China bajo Chiang Kai-shek, China se quedó esencialmente en silencio. Debido a que era un país tan grande e influyente en Oriente, los países occidentales solo podían imaginar cómo China percibía su rol en asuntos internacionales. Los Estados Unidos y Chiang Kai-shek a menudo habían tenido visitas cara a cara, en las cuales cada uno discutía sus objetivos y metas, y creaban procesos por los cuales podían cooperar. Pero desde que el presidente Mao asumió el cargo, ese diálogo no existía.

En 1971 y 1972, el presidente estadounidense Richard Nixon y el Secretario de Estado estadounidense Henry Kissinger se reunieron con Mao en 1971 y 1972. Esas visitas fueron muy importantes, y que los Estados Unidos, y occidente en general, sentían que los malos entendidos inevitablemente aparecerían si una parte no participaba en discusiones que afectaran a todas las partes involucradas, como la posibilidad de comercio.

Antes de la visita, Mao y Nixon decidieron que sus roles no era discutir acerca de la ideología, sino sobre intereses comunes. Los Estados Unidos estaban preocupados acerca de las opiniones de Mao sobre Corea y Vietnam. Estados Unidos también quería enviar una señal a la Unión Soviética de que los asuntos relacionados con la región también debían incluir aportes de China. Finalmente, las conversaciones llevaron a la apertura entre China y EE.UU.

Mao Zedong murió en 1976 y fue reemplazado por Deng Xiaoping. Deng Xiaoping no se convirtió en el líder oficial hasta más tarde, pero para todos los efectos, gobernaba el país. La primera acción de Deng fue rechazar la Revolución Cultural de Mao. Sintió que creaba ignorancia, miedo y caos. También reinstauró los exámenes del servicio civil y volvió a abrir las universidades.

Deng estaba muy interesado en el comercio internacional. Compitió con otros países e hizo campaña para la exportación de productos manufacturados. Esto fue muy ventajoso para la economía, y China logró desarrollar y producir sus propios bienes de manera eficiente y económica.

Boluan Fanzheng

Deng quería reconciliarse con los intelectuales y los elementos marginados por Mao. En 1977 propuso la idea de Boulan Fanzheng, cuyo propósito era corregir las actitudes desequilibradas que Mao impuso a la población. Una vez que Deng se convirtió en el líder oficial en 1978, implementó el programa.

Otras Reformas

Luego se establecieron límites a los mandatos, y Deng propuso que el país redacte una nueva constitución, que fue escrita en 1982 y aún está en vigor. Para reducir la confusión, resumió la sociedad china según los Cuatro Principios Cardinales: socialismo, una dictadura dirigida por el pueblo, apoyo al Partido Comunista Chino y adhesión a los principios del marxismo-leninismo. Esta técnica presentaba a la gente una estructura de la que podían depender. Sin embargo, no todo el mundo estaba de acuerdo.

La Plaza de Tiananmen

En 1989, los estudiantes se levantaron en protesta cuando se opusieron a algunos de los efectos de las reformas de Deng. El nepotismo y la corrupción reinaban, y los estudiantes sentían que no tenían iguales oportunidades para conseguir trabajo. Las universidades solo se concentraban en enseñar ciencias sociales, y había muy pocas oportunidades para aprender y participar en la política. Eso quedaba en manos de las élites favorecidas. No había libertad de prensa ni de expresión, y tampoco había instituciones democráticas.

Cuando Hu Yaobang, un hombre que apoyaba la reforma del gobierno comunista, murió, los estudiantes se indignaron, creyendo que su ataque cardíaco había sido causado por su renuncia forzada al cargo de secretario general. Aparecieron pequeñas reuniones en la plaza de Tiananmen el 15 de abril, el día después de la muerte de Hu. Miles llegaron a la plaza para el día 17, y en el punto álgido de la protesta, había casi un millón de manifestantes.

El gobierno no podía ponerse de acuerdo sobre qué hacer con los manifestantes. Algunos querían establecer el diálogo y otros querían deshacerse del problema con la fuerza bruta. Por otro lado, los objetivos de los manifestantes variaban enormemente, haciendo que la oportunidad de dialogar fuera muy difícil. Deng, temeroso de que las protestas se salieran de control y amenazaran el poder del Partido Comunista, declaró la ley marcial el 20 de mayo. Tanques fueron enviados a la plaza para despejarla, junto con soldados armados. Para el 4 de junio, las protestas habían terminado, con miles de personas, principalmente estudiantes, muertas. Protestas estallaron por toda China en respuesta a esto, con algunas siendo brutalmente reprimidas, causando incluso más muertes.

Es imposible precisar una cifra precisa de cuántos murieron en las protestas de la Plaza de Tiananmen. El número oficial entregado por China fue de 300, pero estimaciones modernas sitúan el número más cerca de 2.500 o 3.000 muertes. El mundo llamó a esto una masacre, y muchos países suspendieron sus envíos de armas a China e impusieron otros embargos.

El Presidente Xi Jinping

Electo en 2013, Xi Jinping es el presidente actual de China. Reconoció los efectos del nepotismo y trabajó en eliminarlo. Sin embargo, su posición es autocrática, ya que eliminó los límites a los mandatos establecidos por Deng Xiaoping durante su periodo. A inicios de su administración, Xi trabajó para consolidar su poder. Cuando se convirtió en presidente, estableció una política llamada Pensamiento de Xi Jinping. Esta ideología está pensada para guiar al Partido Comunista de China hacia un nuevo y brillante futuro. Un aspecto interesante de este conjunto de creencias, que son parte de la Constitución de China, es que ubica a Xi Jinping como el tercer líder de la República Popular China, después de Mao Zedong y Deng Xiaoping, lo que esencialmente elimina a los dos predecesores de Xi, Hu Jintao y Jiang Zemin. Por muchos años, China ha nacionalizado sus industrias, incluida la agricultura. Sin embargo, Xi siente que sus prácticas de larga data han producido industrias hinchadas pertenecientes al estado y han perjudicado la creatividad y la variedad.

Para promover el comercio, China ha implementado el programa Nueva Ruta de la Seda. Promueve el uso de las antiguas rutas comerciales del pasado, apoya su mejoramiento, y apoya la creación de una red para el transporte de bienes y productos. La economía de China se ha estancado durante la última década, y el proyecto de la Nueva Ruta de la Seda promete estimular el desarrollo de la infraestructura.

Xi parece estar más decidido a prevenir la corrupción en el gobierno y a castigado a numerosos funcionarios gubernamentales. En su campaña por la presidencia, prometió tomar medidas enérgicas contra los "tigres y moscas", refiriéndose tanto a líderes de alto y de bajo rango. Desde que asumió el cargo, más de 100.000 personas han sido acusadas de corrupción.

Centralización del Poder

Pronto después de asumir el cargo, Xi creó una serie de Grupos Líderes Centrales. Esas agrupaciones son como grupos de consulta para la sociedad, pero con más autoridad. Entre ellos existen grupos líderes en protección cultural, recursos energéticos, ciencia y tecnología, protección ambiental, marketing y estímulo de la investigación biotecnológica.

Los Siete Peligros

Xi ha indicado que existen siete peligros asociados con los valores occidentales:

    1. Democracia constitucional con separación de poderes e independencia judicial

    2. Valores universales contrarios a los principios maoístas

    3. La creencia de que los derechos individuales son fundamentales para los derechos colectivos del estado

    4. Valores económicos liberales y globalización

5. "Nihilismo histórico", lo que significa la crítica de los errores pasados

6. Independencia de los medios

7. Cuestionamiento al estilo chino de socialismo

Además, Xi cree en la censura de internet. Wikipedia ha sido bloqueada, junto con algunas características de Facebook y Google. No está prohibido escribir blogs, pero los chinos están advertidos acerca de hablar sobre temas políticos controversiales o aquellos que son contrarios a los principios comunistas.

Derechos Humanos

Actualmente, el Comité de Derechos Humanos de las Naciones Unidas, Derechos Humanos en China, Human Rights Watch, Amnistía Internacional y dos agencias no gubernamentales han indicado que el actual gobernante de China ha negado los derechos humanos básicos a los ciudadanos, como la libertad de expresión y la libertad de culto. Sin embargo, las autoridades de la República Popular China han registrado objeciones a esas afirmaciones.

Adicionalmente, Xi ha puesto a los uigures étnicos en campos de reeducación con fines de adoctrinamiento. En 2020, el presidente Donald Trump firmó la Ley de Derechos Humanos de los Uigur, la que impone sanciones sobre funcionarios responsables de estos internamientos.

La República de China

De acuerdo al Tratado de Shimonoseki de 1895, la Conferencia del Cairo de 1943, y la derrota de Japón en 1945, la República de China es una entidad política separada de la República Popular China. La República de China opera desde Taiwán. Desde que fue formalizada como una entidad política, su estatus es controversial. Algunos dicen que va en contra del derecho internacional. ya que la República de China perdió su asiento en las Naciones Unidas en 1971.

Como se mencionó anteriormente, el gobierno de lo que se convertiría en la República de China fue trasladado por Chiang Kai-shek en 1949. Chiang planeó en retornarlo a China continental en algún momento, pero no pudo hacerlo por la victoria de los comunistas, quienes formaron la República Popular China. Sin embargo, catorce miembros de las Naciones Unidas aún la reconocen, ya que quieren mantener todos los canales diplomáticos abiertos. El estatus político de la República de China es ambiguo debido a la falta de una declaración de independencia que sea formalmente reconocida por la comunidad internacional.

La República Popular China cree en la política de Una China, lo que significa que hay solo una China, y dado que ambos gobiernos tienen a "China" en su nombre, solo uno de los gobiernos es legítimo. Durante los últimos años ha habido presiones para crear la República de Taiwán, o bien unir ambos gobiernos.

Conclusiones

China fue y sigue siendo un país lleno de personas de diversos orígenes éxitos que nutren el principio rector de la unificación. A lo largo de toda su historia, otros países han tratado de entrometerse, como las tribus nómades del norte en su historia temprana, Mongolia en el siglo 13, Japón en los siglos 19 y 20. Muchos países se han entrometido en los asuntos chinos, incluyendo a los rusos, los británicos, los portugueses, los estadounidenses, y los pueblos de las regiones esteparias de Asia. Los piratas asaltaron sus costas desde el Pacífico sur, y los contrabandistas se infiltraron en sus ciudades. Sin embargo, al final, el pueblo chino aprendió a depender de sí mismo, aunque fue un camino muy accidentado.

Después de todo, resistieron una serie de dinastías por siglos. Se dice que China nació alrededor del año 2100 a. e. c. con la dinastía Xia, y a lo largo de los años, el gobierno chino fue objeto de conflictos internos, sabotajes, asesinatos, celos mezquinos y corrupción interna. La gente común de la vasta área de China, que alcanza las casi cuatro millones de millas cuadradas, aunque el área de la nación ha cambiado a lo largo de la historia, ha debido lidiar con las consecuencias, las que a menudo los condujeron a la muerte.

A pesar de eso, los chinos son personas que siempre han contado sus historias, y su cultura aún está impregnada de tradiciones y leyendas de hace mucho tiempo. Su historia es la historia de la revolución, de alcanzar algo mejor con cada levantamiento. Aunque el público occidental puede no estar de acuerdo con el camino tomado por China, ya que su actual gobierno va en contra de los ideales democráticos, es difícil para cualquiera discutir la belleza del arte y la escritura que China ha producido. Millones de personas alrededor del mundo imitan la belleza de las pinturas de seda, la porcelana y la poesía china. Millones de personas comen arroz, y millones de personas saltean, fríen y cocinan al vapor como lo hacían los chinos hace miles de años. Atribuimos a los chinos del descubrimiento de los fuegos artificiales y la pólvora. Su historia ha inspirado la creación de muchos videojuegos y cuentos únicos contados una y otra vez. La historia de China es una que nos impacta a todos, y es una que continuará influyéndonos durante los próximos años.

Vea más libros escritos por Captivating History

Bibliografía

Clements, J. (2010). *A Brief History of Kublai Khan.* Running Press.

"East Asia: Southeast Asia: China", Retrieved from https://www.cia.gov/library/publications/the-world-factbook/geos/ch.html

"Communist China's Painful Human Rights Story," Retrieved from https://www.cfr.org/article/communist-chinas-painful-human-rights-story

Guanzhong, L. & Palmer, M. (trans.) (2018 reprint). *The Romance of the Three Kingdoms.* Penguin Classics.

"History of Gunpowder", Retrieved from https://www.thoughtco.com/gunpowder-history-1991395

Hung, H. H. (2017). *The Brilliant Reign of the Kangxi Emperor: China's Qing Dynasty.* Algora Publishing.

Kim, S. (2017). *Ginseng and Borderland: Territorial Boundaries and Political Relations between Qing China and Choson Korea, 1636-1912.* University of California Press, 1st ed.

Levy, H. "The Bifurcation of the Yellow Turbans in the Later Han," Retrieved from https://brill.com/view/journals/orie/13/1/article-p251_11.xml

Man, J. (2004). *Kublai Khan: The Mongol Who Remade China.* Bantam Books.

Man, J. (2006). *Kublai Khan.* Bantam Books.

"Manchu Conquest of China", Retrieved from https://teachwar.wordpress.com/resources/war-justifications-archive/manchu-conquest-of-china-1618/

Melton, G. (2014). *Faiths across Time: 5,000 Years of Religious.* History ABC-CLIO.

Morgan, D. (1986). *The Mongols.* Blackwell Publishers.

Polo, M. (1918 reprint). *The Travels of Marco Polo the Venetian.* E. P. Dutton.

"Republic of China's Diplomatic Archives: Lessons of History", Retrieved from https://teachwar.wordpress.com/resources/war-justifications-archive/manchu-conquest-of-china-1618/

Sterling, C. "Visualizing Traditional China", Retrieved from https://zhang.digitalscholar.rochester.edu/china/tag/yang-guang/

Waldron, A. (1992). *The Great Wall of China: From History to Myth.* Cambridge University Press.

Werner, E.T.C. (2005), Retrieved from https://www.gutenberg.org/files/15250/15250-h/15250-h.htm#d0e1278

Wriggins, S. (2003 rev.). *The Silk Road Journey with Xuanzang.* Westview Press.

Wuyong, Q. & Novel, B. (trans.) (2019). *Fortune-teller Next to the Beauty: Vol 18.* Funstory.

"Zhu Qizhen: The Zhengtong Emperor", Retrieved from https://www.mingtombs.eu/emp/06zhengtong/zhengtong.html

www.ingramcontent.com/pod-product-compliance
Lightning Source LLC
LaVergne TN
LVHW041641060526
838200LV00040B/1660